Bienestar Interior

Un Viaje Gastronómico hacia la Salud Antiinflamatoria

Carolina Vidal

Índice

Ingredientes para tacos de albóndigas:...16

Instrucciones: 17

Zoodles Pesto De Salmón Y Aguacate Porciones: 4..................................19

Ingredientes:..19

Instrucciones: 19

Batatas sazonadas con cúrcuma, manzana y cebolla con pollo 21

Ingredientes:..21

Filete de salmón asado con hierbas Porciones: 4......................................23

Ingredientes:..23

Instrucciones: 23

Tofu y verduras de verano con especias italianas Porciones: 4 25

Ingredientes:..25

Instrucciones: 25

Ensalada de fresas y queso de cabra Ingredientes:...................................27

Instrucciones: 27

Guiso de coliflor con cúrcuma y bacalao Raciones: 4................................29

Ingredientes:..29

Instrucciones: 30

Condimente con nueces y espárragos Porciones: 4..................................31

Ingredientes:..31

Instrucciones: 31

Ingredientes de la pasta Alfredo de calabacín: 32

Instrucciones: 32

Pollo Quinua Perú Ingredientes:..34

Instrucciones: 35

Pasta de calabaza y ajo Porciones: 4 37

Ingredientes: 37

Instrucciones: 38

Trucha al vapor con frijoles rojos y salsa de pimientos Porciones: 1 39

Ingredientes: 39

Instrucciones: 40

Porciones de sopa de batata y pavo: 4 41

Ingredientes: 41

Instrucciones: 42

Miso con salmón frito Porciones: 2 43

Ingredientes: 43

Instrucciones: 43

Filete frito sencillo con hojuelas porciones: 6 45

Ingredientes: 45

Instrucciones: 45

Carnitas de Cerdo Porciones: 10 46

Ingredientes: 46

Instrucciones: 47

Sopa de pescado blanco con verduras 48

Porciones: 6 a 8 48

Ingredientes: 48

Instrucciones: 48

Raciones de mejillones al limón: 4 50

Ingredientes: 50

Instrucciones: 50

Porciones de salmón con limón y pimienta: 2 51

Ingredientes: 51

Instrucciones: 51

Pasta con atún y queso raciones: 3-4 52

Ingredientes: 52

Instrucciones: 52

Tiras de pescado bañadas en coco Porciones: 4 54

Ingredientes: 54

Instrucciones: 55

Porciones de pescado mexicano: 2 56

Ingredientes: 56

Instrucciones: 56

Porciones de trucha con salsa de pepino: 4 58

Ingredientes: 58

Porciones de zoodles de camarones y limón: 4 60

Ingredientes: 60

Instrucciones: 61

Porciones de camarones crujientes: 4 62

Ingredientes: 62

Instrucciones: 62

Porciones de lubina a la plancha: 2 63

Ingredientes: 63

Instrucciones: 63

Porciones de tortas de salmón: 4 64

Ingredientes: 64

Instrucciones: 64

Raciones de bacalao picante: 4 65

Ingredientes: 65

Instrucciones: 65

Porciones de pasta de trucha ahumada: 2 66

Ingredientes: 66

Instrucciones: 66

Porciones de atún y ajo: 4 68

Ingredientes: 68

Instrucciones: 68

Porciones de camarones con limón y pimienta: 2 69

Ingredientes: 69

Instrucciones: 69

Porciones de filete de atún caliente: 6 70

Ingredientes: 70

Instrucciones: 70

Porciones de salmón cajún: 2 72

Ingredientes: 72

Instrucciones: 72

Tazón De Salmón Y Quinoa Con Verduras 73

Porciones: 4 73

Ingredientes: 73

Porciones de pescado picado: 4 75

Ingredientes: 75

Instrucciones: 75

Porciones de chuletas de salmón simples: 4 76

Ingredientes: 76

Instrucciones: 77

Porciones de palomitas de maíz con camarones: 4 78

Ingredientes: 78

Instrucciones: 79

Pescado frito picante Porciones: 5 80

Ingredientes: 80

Instrucciones: 80

Porciones de atún con pimientos: 4 81

Ingredientes: 81

Instrucciones: 81

Porciones de chuletas de pescado: 2 82

Ingredientes: 82

Instrucciones: 82

Vieiras fritas en miel Porciones: 4 83

Ingredientes: 83

Instrucciones: 83

Filete de bacalao con setas shiitake Porciones: 4 85

Ingredientes: 85

Instrucciones: 85

Porciones de lubina blanca a la plancha: 2 87

Ingredientes: 87

Instrucciones: 87

Porciones de lucio con tomate frito: 4-5 88

Ingredientes: 88

Instrucciones: 88

Porciones de remolacha, eglefino cerrado: 4 90

Ingredientes: 90

Porciones justas de atún fundido: 4 92

Ingredientes: 92

Instrucciones: 92

Salmón con lima y lima kaffir Raciones: 8 94

Ingredientes: 94

Instrucciones: 94

Salmón tierno con salsa de mostaza Porciones: 2 96

Ingredientes: 96

Instrucciones: 96

Porciones de ensalada de cangrejo: 4 98

Ingredientes: 98

Instrucciones: 98

Porciones de salmón asado con salsa miso: 4 99

Ingredientes: 99

Instrucciones: 99

Bacalao frito con hierbas y miel Raciones: 2 101

Ingredientes: 101

Instrucciones: 101

Porciones de mezcla de bacalao y parmesano: 4 103

Ingredientes: 103

Instrucciones: 103

Porciones de camarones crujientes al ajillo: 4 104

Ingredientes: 104

Instrucciones: 104

Mezcla cremosa de lubina Porciones: 4 105

Ingredientes: 105

Instrucciones: 105

Poke de pepino y ahi Porciones: 4 106

Ingredientes: 106

Bacalao mixto con menta raciones: 4 108

Ingredientes: 108

Instrucciones: 108

Porciones de tilapia con limón y crema: 4 110

Ingredientes: 110

Instrucciones: 110

Porciones de tacos de pescado: 4 112

Ingredientes: 112

Instrucciones: 113

Porciones de mezcla de lubina de jengibre: 4 114

Ingredientes: 114

Instrucciones: 114

Porciones de camarones al coco: 4 115

Ingredientes: 115

Porciones de cerdo con calabaza y nuez moscada: 4 117

Ingredientes: 117

Instrucciones: 118

Porciones de soufflé de queso cheddar y ajo: 8 119

Ingredientes: 119

Instrucciones: 120

Tortitas de trigo sarraceno con leche de almendras y vainilla Porciones: 1 121

Ingredientes: 121

Instrucciones: 121

Tazas con espinacas y huevo feta Porciones: 3 123

Ingredientes: 123

Instrucciones: 123

Porciones de frittata de desayuno: 2 125

Ingredientes: 125

Instrucciones: 125

Burrito de pollo con quinua Porciones: 6 126

Ingredientes: 126

Instrucciones: 127

Porciones de tostada de aguacate con huevo: 3 128

Ingredientes: 128

Instrucciones: 128

Porciones de avena con almendras: 2 129

Ingredientes: 129

Instrucciones: 129

Porciones de tortitas choco-nana: 2 130

Ingredientes: 130

Instrucciones: 130

Porciones de barras de avena y camote: 6 132

Ingredientes: 132

Instrucciones: 133

Porciones simples de tortitas de papa: 3 135

Ingredientes: 135

Instrucciones: 135

Frittata con champiñones y espárragos Porciones: 1 137

Ingredientes: 137

Instrucciones: 137

Cazuela de tostadas francesas en olla de cocción lenta Porciones: 9 139

Ingredientes: 139

Instrucciones: 140

Salchicha de pavo con tomillo y salvia raciones: 4 141

Ingredientes: 141

Instrucciones: 141

Cóctel de espinacas y cerezas Porciones: 1 143

Ingredientes: 143

Instrucciones: 143

Porciones de patatas para el desayuno: 2 144

Ingredientes: 144

Instrucciones: 144

Porciones rápidas de avena y plátanos: 1 145

Ingredientes: 145

Instrucciones: 145

Cóctel de plátano y almendras Porciones: 1 146

Ingredientes: 146

Instrucciones: 146

Porciones de barritas energéticas de chía y chocolate sin hornear: 14 .. 147

Ingredientes: 147

Instrucciones: 147

Tazón de desayuno con frutas y linaza Porciones: 1 149

Ingredientes: 149

Instrucciones: 150

Cereal para el desayuno en olla de cocción lenta Porciones: 8 151

Ingredientes: 151

Instrucciones: 151

Porciones de pan de calabaza: 12 153

Ingredientes: 153

Instrucciones: 154

Pudín de coco, frambuesa y chía Porciones: 4 156

Ingredientes: 156

Instrucciones: 156

Ensalada de desayuno de fin de semana Porciones: 4 157

Ingredientes: 157

Instrucciones: 158

Delicioso arroz vegetariano salado con brócoli y coliflor 159

Ingredientes: 159

Instrucciones: 160

Porciones de tostadas mediterráneas: 2 161

Ingredientes: 161

Instrucciones: 161

Ensalada de camote para el desayuno Porciones: 2 163

Ingredientes: 163

Instrucciones: 163

Tazas de desayuno falsas de Hash Brown Porciones: 8 164

Ingredientes: 164

Instrucciones: 164

Tortilla de espinacas y champiñones Porciones: 2 165

Ingredientes: 165

Instrucciones: 165

Wraps de ensalada con pollo y verduras Porciones: 2 167

Ingredientes: 167

Instrucciones: 168

Tazón de plátano y canela cremoso Porciones: 1 170

Ingredientes: 170

Buen cereal con arándanos y canela Porciones: 2 171

Ingredientes: 171

Instrucciones: 171

Tortilla de desayuno Porciones: 2 173

Ingredientes: 173

Instrucciones: 173

Porciones de pan de sándwich integral: 12 174

Ingredientes: 174

Instrucciones: 174

Gyro de pollo desmenuzado 176

Ingredientes: 176

Instrucciones: 177

Porciones de sopa de camote: 6 178

Ingredientes: 178

Instrucciones: 178

Ingredientes para el tazón de burrito de quinua: 180

Instrucciones: 181

Brócoli con almendras porciones: 6 183

Ingredientes: 183

Instrucciones: 183

Ingredientes para el plato de quinua: 185

Instrucciones: 185

Porciones de ensalada de huevo crudo comestible: 2 187

Ingredientes: 187

Instrucciones: 187

Porciones de chile con frijoles blancos: 4 188

Ingredientes: 188

Instrucciones: 189

Porciones de atún al limón: 4 190

Ingredientes: 190

Instrucciones: 190

Tilapia con espárragos y calabacines Porciones: 4 192

Ingredientes: 192

Instrucciones: 192

Cocine el relleno de pollo con aceitunas, tomates y albahaca. 194

Ingredientes: 194

Instrucciones: 194

Porciones de pisto: 8 196

Ingredientes: 196

Instrucciones: 196

Porciones de sopa de albóndigas de pollo: 4 198

Ingredientes: 198

Instrucciones: 199

Ensalada de col y naranja con vinagreta de cítricos 200

Ingredientes: 200

Instrucciones: 201

Porciones de tempeh y tubérculos: 4 202

Ingredientes: 202

Instrucciones: 202

Porciones de sopa verde: 2 204

Ingredientes: 204

Instrucciones: 205

Ingredientes del pan de pepperoni: 206

Instrucciones: 207

Gazpacho de remolacha Raciones: 4 208

Ingredientes: 208

Instrucciones: 208

Ingredientes del Rigatoni de calabaza asada: 210

Instrucciones: 210

Sopa capellini con tofu y camarones Porciones: 8 212

Ingredientes: 212

Instrucciones: 213

Lomo de cerdo con champiñones y pepinos Raciones: 4 214

Ingredientes: 214

Instrucciones: 214

Porciones de dedos de pollo: 4 216

Ingredientes: 216

Instrucciones: 216

Porciones de pollo frito balsámico: 4 218

Ingredientes: 218

Instrucciones: 218

Porciones de filetes y champiñones: 4 220

Ingredientes: 220

Instrucciones: 220

Porciones de carne Porciones: 4 221

Ingredientes: 221

Instrucciones: 221

Ingredientes para tacos de albóndigas:

Albóndigas:

1 libra de carne molida magra (o cualquier carne molida como cerdo, pavo o pollo)

1 huevo

1/4 taza de col rizada finamente picada o hierbas crujientes como perejil o cilantro (opcional)

1 cucharada de sal

1/2 cucharadita de pimienta negra

tacos tacos

2 tazas de Salsa para Enchiladas (la usamos a pedido) 16 albóndigas (las soluciones se guardan con anticipación)

2 tazas de arroz cocido, blanco o integral

1 aguacate, en rodajas

1 taza de salsa local o Pico de Gallo 1 taza de queso rallado

1 chile jalapeño, finamente picado (opcional)

1 cucharada de cilantro, picado

1 limón, cortado en rodajas

chips de tortilla, servidos

Instrucciones:

1. Cocinar/congelar

2. En un tazón grande, combine la carne molida, los huevos, la col rizada (si la usa), sal y pimienta. Mezclar a mano sólo hasta que quede suave.

Forme 16 hamburguesas con una separación de aproximadamente 1 pulgada y colóquelas en una bandeja para hornear forrada con papel de aluminio.

3. Si lo usa dentro de unos días, refrigérelo por hasta 2 días.

4. Si están congeladas, coloque el recipiente de aluminio en el refrigerador hasta que las albóndigas se endurezcan. Transfiera a una bolsa para congelador. Las albóndigas se conservarán en el frigorífico durante 3-4 meses.

5. cocinar

6. Hierva la salsa de enchilada en una cacerola mediana a fuego lento. Agrega las albóndigas (no hay ninguna razón de peso para descongelarlas primero si las albóndigas están ahí).

congelado). Hornee las albóndigas hasta que estén bien cocidas, 12 minutos si están crujientes y 20 minutos si están listas.

7. Mientras se hornean las albóndigas, prepare varios sujetadores.

8. Apila tazones para tacos, adornando el arroz con albóndigas y salsa, aguacate en rodajas, salsa, queso cheddar, rodajas de jalapeño y cilantro. Regalar con rodajas de limón y totopos.

Zoodles Pesto De Salmón Y Aguacate

Porciones: 4

Tiempo de cocción: 25 minutos

Ingredientes:

1 cucharada de pesto

1 limon

2 filetes de salmón fresco/congelado

1 calabacín grande, en espiral

1 cucharada de pimienta negra

1 aguacate

1/4 taza de queso parmesano rallado

condimento italiano

Instrucciones:

1. Precaliente el horno a 375 F. Sazone el salmón con condimento italiano, sal y pimienta y hornee por 20 minutos.

2. Coloca el aguacate en un bol junto con una cucharada de pimienta, jugo de limón y una cucharada de pesto. Me gustan los aguacates y los libros.

3. En una fuente para servir, agregue los fideos de calabacín, luego la mezcla de aguacate y salmón.

4. Espolvorea con queso. Agregue más pesto si es necesario. ¡Agradecer!

Información nutricional:128 calorías 9,9 g de grasa 9 g de carbohidratos totales 4 g de proteína

Batatas sazonadas con cúrcuma, manzana y cebolla con pollo

Porciones: 4

Tiempo de cocción: 45 minutos

Ingredientes:

2 cucharadas de mantequilla sin sal, temperatura ambiente 2 batatas medianas

1 manzana Granny Smith grande

1 cebolla mediana, en rodajas finas

4 pechugas de pollo con hueso y piel

1 cucharadita de sal

1 cucharadita de cúrcuma

1 cucharadita de salvia seca

¼ de cucharadita de pimienta negra recién molida

1 taza de sidra de manzana, vino blanco o caldo de pollo<u>Instrucciones:</u>

1. Precaliente el horno a 400°F. Engrase la fuente para hornear con mantequilla.

2. Coloque la batata, la manzana y la cebolla en una capa sobre la bandeja para hornear.

3. Coloque el pollo con la piel hacia arriba y sazone con sal, azafrán, salvia y pimienta. Agrega la sidra.

4. Hornee durante 35-40 minutos. Retirar, reservar 5 minutos y servir.

Información nutricional:Calorías 386 Grasa total: 12 g Carbohidratos totales: 26 g Azúcar: 10 g Fibra: 4 g Proteína: 44 g Sodio: 932 mg

Filete de salmón asado con hierbas Porciones: 4

Tiempo de cocción: 5 minutos

Ingredientes:

1 libra de filete de salmón, enjuagado 1/8 cucharadita de pimienta de cayena 1 cucharadita de chile en polvo

½ cucharadita de comino

2 dientes de ajo, picados

1 cucharada de aceite de oliva

¾ cucharadita de sal

1 cucharadita de pimienta negra recién molida

Instrucciones:

1. Precaliente el horno a 350 grados F.

2. Mezcle la pimienta de cayena, el chile en polvo, el comino, la sal y la pimienta negra en un bol. Ponlo a un lado.

3. Espolvorea el filete de salmón con aceite de oliva. Frote por ambos lados. Frote el ajo y la mezcla de especias preparada. Dejar reposar durante 10 minutos.

4. Una vez que los sabores se hayan combinado, prepara una sartén antiadherente.

Calienta el aceite. Cuando esté caliente, sazona el salmón durante 4 minutos por cada lado.

5. Mueva la sartén al horno. Hornee por 10 minutos. servir

Información nutricional:Calorías 210 Carbohidratos: 0 g Grasas: 14 g Proteínas: 19 g

Tofu y verduras de verano con especias italianas Porciones: 4

Tiempo de cocción: 20 minutos

Ingredientes:

2 calabacines grandes, cortados en rodajas de ¼ de pulgada

2 calabacines grandes, cortados en rodajas de ¼ de pulgada 1 libra de tofu firme, cortado en cubos de 1 pulgada

1 taza de caldo de verduras o agua

3 cucharadas de aceite de oliva virgen extra

2 dientes de ajo, picados

1 cucharadita de sal

1 cucharadita de mezcla de condimentos de hierbas italianas

¼ de cucharadita de pimienta negra recién molida

1 cucharada de albahaca fresca en rodajas finas

Instrucciones:

1. Precaliente el horno a 400°F.

2. Combine el calabacín, el tofu, el caldo, el aceite, el ajo, la sal, la mezcla de condimentos italianos y la pimienta en una sartén grande y revuelva para combinar.

3. Hornear por 20 min.

4. Espolvorea con albahaca y sirve.

Información nutricional:Calorías 213 Grasa total: 16 g Carbohidratos totales: 9 g Azúcar: 4 g Fibra: 3 g Proteína: 13 g Sodio: 806 mg

Ensalada de fresas y queso de cabra

Ingredientes:

1 libra de fresas crujientes, picadas

Opcional: 1-2 cucharaditas de néctar o jarabe de arce al gusto 2 onzas de queso cheddar de cabra desmenuzado (aproximadamente ½ taza) ¼ taza de albahaca crujiente y unas ramitas de albahaca para decorar

1 cucharada de aceite de oliva virgen extra

1 cucharada de vinagre balsámico espeso*

½ cucharadita de sal marina Maldon en escamas o ¼ no es suficiente

una cucharadita de sal marina fina

Pimienta negra molida crujiente

Instrucciones:

1. Coloque las fresas picadas en un plato mediano o en un tazón poco profundo. Si las fresas no son tan dulces como te gustaría, cúbrelas con néctar o jarabe de arce.

2. Espolvoree el queso cheddar de cabra desmenuzado sobre las fresas y luego espolvoree con la albahaca picada. Vierta aceite de oliva y vinagre balsámico encima.

3. Pulir el plato con la mezcla de verduras con sal, unos pequeños trozos de pimienta negra molida y hojas de albahaca en conserva. Para una mejor introducción, sirva rápidamente un plato de verduras mixtas.

Sin embargo, las sobras se conservan bien en el frigorífico durante unos 3 días.

Guiso de coliflor con cúrcuma y bacalao

Raciones: 4

Tiempo de cocción: 30 minutos

Ingredientes:

½ libra de floretes de coliflor

1 libra de filetes de bacalao, deshuesados, sin piel y cortados en cubitos 1 cucharada de aceite de oliva

1 cebolla amarilla, picada

½ cucharadita de semillas de comino

1 pimiento verde, picado

¼ cucharadita de cúrcuma en polvo

2 tomates picados

Una pizca de sal y pimienta negra

½ taza de caldo de pollo

1 cucharada de cilantro, picado

Instrucciones:

1. Calentar una sartén con aceite de oliva a fuego medio, agregar la cebolla, el pimentón, el comino y la cúrcuma, revolver y sofreír durante 5 minutos.

2. Agregue la coliflor, el pescado y los demás ingredientes, mezcle, deje hervir y cocine a fuego medio por otros 25 minutos.

3. Divida el guiso en tazones y sirva.

Información nutricional:Calorías 281, Grasa 6, Fibra 4, Carbohidratos 8, Proteína 12

Condimente con nueces y espárragos

Porciones: 4

Tiempo de cocción: 5 minutos

Ingredientes:

1 y ½ cucharadas de aceite de oliva

¾ libra de espárragos, recortados

¼ de taza de nueces picadas

Semillas de girasol y pimienta al gusto.

Instrucciones:

1. Calienta una sartén a fuego medio, agrega aceite y deja que se caliente.

2. Agrega los espárragos y fríelos durante 5 minutos hasta que estén dorados.

3. Sazone con semillas de girasol y pimienta.

4. Retirar del fuego.

5. Agregue las nueces y mezcle.

Información nutricional: Calorías: 124 Grasas: 12 g Carbohidratos: 2 g Proteínas: 3 g

Ingredientes de la pasta Alfredo de calabacín:

2 calabacines en espiral medianos

1-2 cucharadas de queso parmesano vegano (opcional)

Salsa Alfredo Rápida

Remoje 1/2 taza de anacardos crudos en agua hirviendo durante varias horas o 10 minutos.

2 cucharadas de jugo de limón

Levadura nutricional 3TB

2 cucharaditas de miso blanco (puede ser subtamari, salsa de soja o aminoácidos de coco)

1 cucharadita de cebolla en polvo

1/2 cucharadita de ajo en polvo

1/4-1/2 taza de agua

Instrucciones:

1. Haga espirales con los fideos de calabacín.

2. Coloque todos los ingredientes Alfredo en una licuadora de alta velocidad (comenzando con 1/4 taza de agua) y mezcle hasta que quede suave. Si la salsa queda demasiado espesa, agrega más agua una cucharada a la vez hasta obtener la consistencia deseada.

3. Pasta de calabacín con salsa Alfredo y carrito vegetariano.

Pollo Quinua Perú Ingredientes:

1 taza de quinua, enjuagada

3-1/2 tazas de agua, aislada

1/2 libra de pavo molido magro

1 cebolla dulce grande, en rodajas

1 pimiento rojo dulce mediano, cortado en cubitos

4 dientes de ajo, picados

1 cucharada de frijol en polvo

1 cucharada de comino molido

1/2 cucharadita de canela en polvo

2 latas (15 oz cada una) de frijoles negros, enjuagados y escurridos 1 lata (28 oz) de tomates triturados

1 calabacín mediano, cortado en trozos

1 chile chipotle adobado, rebanado

1 cucharada de salsa de adobo

1 hoja estrecha

1 cucharadita de orégano seco

1/2 cucharadita de sal

1/4 cucharadita de pimienta

1 taza de maíz endurecido, descongelado

1/4 taza de cilantro crujiente picado

Cualquier aderezo: aguacate cortado en cubitos, Monterey Jack Cheddar rallado

Instrucciones:

1. Hierva la quinua y 2 tazas de agua en una olla grande. Reducir el fuego; esparce y cocina durante 12-15 minutos o hasta que pare el agua. Para expulsar del calor; triture con un tenedor y reserve en un lugar seguro.

2. Luego, en una olla grande cubierta con aceite en aerosol, cocina el pavo, la cebolla, el pimiento morrón y el ajo a fuego medio hasta que la carne ya no esté rosada y las verduras estén tiernas; canal. Mezcla el frijol en polvo, el comino y la canela; cocine por otros 2 minutos.

Cuando quieras, un regalo con accesorios decorativos.

3. Agregue los frijoles negros, los tomates, los calabacines, el chile chipotle, la salsa de adobo, la hoja de somu, el orégano, la sal, la pimienta y el agua restante.

Calentar hasta que hierva. Reducir el fuego; untar y hornear 30 minutos. Agrega el maíz y la quinua; sobrecalentar Deseche la hoja estrecha; mezclar con cilantro. Regalo con cualquier archivo adjunto a pedido.

4. Congelación alternativa: congelar el guiso enfriado en compartimentos más fríos.

Para utilizarlo, descongela completamente en el frigorífico a medio plazo. Calienta en una sartén, revolviendo ocasionalmente; agregue jugo o agua si es necesario.

Pasta de calabaza y ajo Porciones: 4

Tiempo de cocción: 15 minutos

Ingredientes:

Para preparar la salsa

¼ taza de leche de coco

6 grandes citas

2/3 g de coco rallado

6 dientes de ajo

2 cucharadas de pasta de jengibre

2 cucharadas de pasta de curry rojo

preparar pasta

1 pasta de calabacín grande

½ zanahoria cortada en juliana

½ calabacín cortado en juliana

1 pimiento rojo pequeño

¼ de taza de anacardos

Instrucciones:

1. Para la salsa, mezclar todos los ingredientes y hacer un puré espeso.

2. Cortar la calabaza espagueti a lo largo y hacer pasta.

3. Engrasa ligeramente la bandeja de horno con aceite y hornea la pasta de calabaza a 40°C durante 5-6 minutos.

4. Para servir, combine la pasta y el puré en un tazón. O sírvelo con puré de patatas.

<u>Información nutricional:</u>Calorías 405 Carbohidratos: 107 g Grasas: 28 g Proteínas: 7 g

Trucha al vapor con frijoles rojos y salsa de pimientos Porciones: 1

Tiempo de cocción: 16 minutos

Ingredientes:

4 ½ onzas de tomates cherry, cortados por la mitad

1/4 aguacate sin pelar

6 oz de filete de solomillo sin piel

Hojas de cilantro para servir.

2 cucharaditas de aceite de oliva

Rodajas de limón, para servir.

4 ½ onzas de frijoles rojos enlatados, enjuagados y escurridos 1/2 cebolla morada, cortada en rodajas finas

1 cucharada de chiles jalapeños encurtidos, escurridos

1/2 cucharadita de comino molido

4 aceitunas sicilianas/aceitunas verdes

Instrucciones:

1. Coloque la cesta vaporera sobre una olla con agua hirviendo. Pon el pescado en la cesta y tapa, cocina durante 10-12 minutos.

2. Sacar el pescado y dejar reposar unos minutos. Mientras tanto, calienta un poco de aceite en una sartén.

3. Agregue los jalapeños encurtidos, los frijoles rojos, las aceitunas, 1/2 cucharadita de comino y los tomates cherry. Cocine durante unos 4-5 minutos, revolviendo constantemente.

4. Colocar en el plato la pasta de judías, seguida de la trucha.

Cubra con cilantro y cebolla.

5. Servir con rodajas de limón y aguacate. ¡Disfruta de ensalada de repollo al vapor con frijoles rojos y salsa de chile!

Información nutricional:243 calorías 33,2 g de grasa 18,8 g de carbohidratos totales 44 g de proteína

Porciones de sopa de batata y pavo: 4

Tiempo de cocción: 45 minutos

Ingredientes:

2 cucharadas de aceite de oliva

1 cebolla amarilla, picada

1 pimiento verde, picado

2 batatas, peladas y cortadas en cubitos

1 libra de pechuga de pavo sin piel, deshuesada y cortada en cubitos 1 cucharadita de cilantro molido

Una pizca de sal y pimienta negra

1 cucharadita de pimentón dulce

6 tazas de caldo de pollo

Zumo de 1 lima

un puñado de perejil picado

Instrucciones:

1. Calentar una sartén con aceite de oliva a fuego medio, agregar la cebolla, el pimiento y el camote, mezclar y cocinar por 5 minutos.

2. Agrega la carne y cocina por otros 5 minutos.

3. Agrega los ingredientes restantes, mezcla, lleva a ebullición y cocina a fuego medio por otros 35 minutos.

4. Vierta la sopa en tazones y sirva.

Información nutricional:Calorías 203, Grasa 5, Fibra 4, Carbohidratos 7, Proteína 8

Miso con salmón frito Porciones: 2

Tiempo de cocción: 20 minutos

Ingredientes:

2 cucharas. miel de maple

2 limones

¼ de taza de miso

¼ cucharadita de pimienta molida

2 limas

2 ½ libras de salmón con piel

una pizca de pimienta de cayena

2 cucharas. Aceite de oliva virgen extra

¼ de taza de miso

Instrucciones:

1. Primero, mezcle el jugo de limón y el jugo de lima en un tazón pequeño hasta que estén bien combinados.

2. Luego, agregue el miso, la pimienta de cayena, el jarabe de arce, el aceite de oliva y la pimienta. encaja bien

3. Luego coloque el salmón en una bandeja para hornear forrada con papel de horno, con la piel hacia abajo.

4. Cubra generosamente el salmón con la mezcla de limón y miso.

5. Ahora coloque las rodajas de limón y lima a los lados con el lado cortado hacia arriba.

6. Finalmente, cocina durante 8-12 minutos hasta que el pescado se deshaga.

Información nutricional:Calorías: 230 Kcal Proteínas: 28,3 g Hidratos de carbono: 6,7 g Grasas: 8,7 g

Filete frito sencillo con hojuelas porciones: 6

Tiempo de cocción: 8 minutos

Ingredientes:

6 filetes de tilapia

2 cucharadas de aceite de oliva

1 rodaja de limón, jugo

Sal y pimienta para probar

¼ taza de perejil o cilantro picado

Instrucciones:

1. Freír los filetes de tilapia con aceite de oliva en una sartén mediana a fuego medio. Cocine durante 4 minutos por cada lado, hasta que el pescado se desmenuce fácilmente con un tenedor.

2. Agrega sal y pimienta al gusto. Espolvorea cada filete con jugo de limón.

3. Antes de servir, espolvorear el filete cocido con perejil o cilantro picado.

Información nutricional: Calorías: 249 kcal Grasas: 8,3 g Proteínas: 18,6 g Carbohidratos: 25,9

Fibra: 1g

Carnitas de Cerdo Porciones: 10

Tiempo de cocción: 8 horas. 10 minutos

Ingredientes:

5 libras. hombro de puerco

2 dientes de ajo, picados

1 cucharadita de pimienta negra

1/4 cucharadita de canela

1 cucharadita de orégano seco

1 cucharadita de comino molido

1 hoja de laurel

2 cl de caldo de pollo

1 cucharada de jugo de limón

1 cucharada de chile en polvo

1 cucharada de sal

Instrucciones:

1. Agrega la carne de cerdo a la olla de cocción lenta junto con los demás ingredientes.

2. Cubra y cocine por 8 horas. a guisar

3. Triture la carne de cerdo terminada con un tenedor.

4. Extienda este cerdo desmenuzado en una bandeja para hornear.

5. Ase durante 10 minutos y sirva.

<u>Información nutricional:</u>Calorías 547 Grasas 39 g, carbohidratos 2,6 g, fibra 0 g, proteínas 43 g

Sopa de pescado blanco con verduras

Porciones: 6 a 8

Tiempo de cocción: 32 a 35 minutos

Ingredientes:

3 batatas, peladas y cortadas en trozos de ½ pulgada 4 zanahorias, peladas y cortadas en trozos de ½ pulgada 3 tazas de leche de coco entera

2 vasos de agua

1 cucharadita de tomillo seco

½ cucharadita de sal marina

298 g (10 ½ oz) de pescado blanco, sin piel y firme, como bacalao o fletán, cortado en trozos

Instrucciones:

1. Coloque las batatas, las zanahorias, la leche de coco, el agua, el tomillo y la sal marina en una olla grande a fuego alto y deje hervir.

2. Reduzca el fuego a bajo, tape y cocine por 20 minutos hasta que las verduras estén tiernas, revolviendo ocasionalmente.

3. Vierta la mitad de la sopa en una licuadora y mezcle hasta que quede suave, luego vuelva a agregarla a la olla.

4. Agrega los trozos de pescado y cocina por otros 12

hasta 15 minutos o hasta que el pescado esté cocido.

5. Retirar del fuego y servir en tazones.

Información nutricional:Calorías: 450; grasa: 28,7 g; proteínas: 14,2 g; carbohidratos: 38,8 g; fibra: 8,1 g; azúcar: 6,7 g; sodio: 250 mg

Raciones de mejillones al limón: 4

Ingredientes:

1 cucharada. aceite de oliva virgen extra 2 dientes de ajo picados

2 libras. puré de mejillones

jugo de limon

Instrucciones:

1. Vierte un poco de agua en la olla, agrega los mejillones, lleva a ebullición a fuego medio, cocina por 5 minutos, desecha los mejillones cerrados y ponlos en un bol.

2. En otro bol mezclar el aceite de oliva con el ajo y el zumo de limón recién exprimido, mezclar bien y añadir las almejas, mezclar y servir.

3. ¡Disfruta!

Información nutricional:Calorías: 140, Grasas: 4 g, Carbohidratos: 8 g, Proteínas: 8 g, Azúcar: 4 g, Sodio: 600 mg,

Porciones de salmón con limón y pimienta: 2

Tiempo de cocción: 8 minutos

Ingredientes:

1 kilo de salmón

1 cucharada de jugo de limón

½ cucharadita de pimienta

½ cucharadita de chile en polvo

4 rodajas de lima

Instrucciones:

1. Vierta jugo de limón sobre el salmón.

2. Espolvoree pimienta y chile en polvo por ambos lados.

3. Agrega el salmón a la sartén.

4. Coloque rodajas de limón sobre el salmón.

5. Hornee al aire a 375 grados F durante 8 minutos.

Pasta con atún y queso raciones: 3-4

Ingredientes:

2c. Rúcula

¼ taza cebolla verde picada

1 cucharada. vinagre rojo

5 onzas de atún enlatado escurrido

¼ cucharadita de pimienta negra

2 onzas. pasta integral cocida

1 cucharada. Aceite

1 cucharada. parmesano magro rallado

Instrucciones:

1. Cocine la pasta en agua sin sal hasta que esté cocida. Corre y ordena.

2. En un tazón grande, combine el atún, el cebollino, el vinagre, el aceite, la rúcula, la pasta y la pimienta negra.

3. Mezclar bien y espolvorear con queso.

4. Sirve y disfruta.

Información nutricional: Calorías: 566,3 Grasas: 42,4 g Carbohidratos: 18,6 g Proteínas: 29,8 g Azúcar: 0,4 g Sodio: 688,6 mg

Tiras de pescado bañadas en coco Porciones: 4

Tiempo de cocción: 12 minutos

Ingredientes:

marinar

1 cucharada de salsa de soja

1 cucharadita de jengibre en polvo

½ taza de leche de coco

2 cucharadas de jarabe de arce

½ taza de jugo de piña

2 cucharaditas de salsa picante

Pez

1 libra de filetes de pescado, cortados en tiras

Pimienta al gusto

1 taza de pan rallado

1 taza de hojuelas de coco (sin azúcar)

Spray para cocinar

Instrucciones:

1. Mezcle los ingredientes de la marinada en un bol.

2. Recoge las tiras de pescado.

3. Cubra y refrigere por 2 horas.

4. Precaliente la freidora a 375 grados F.

5. Mezcle la pimienta, el pan rallado y las hojuelas de coco en un bol.

6. Pasar las tiras de pescado por pan rallado.

7. Rocíe la cesta de la freidora con aceite.

8. Coloca las tiras de pescado en la cesta de la freidora.

9. Freír al aire durante 6 minutos por cada lado.

Porciones de pescado mexicano: 2

Tiempo de cocción: 10 minutos

Ingredientes:

4 filetes de pescado

2 cucharaditas de orégano mexicano

4 cucharaditas de comino

4 cucharaditas de chile en polvo

Pimienta al gusto

Spray para cocinar

Instrucciones:

1. Precaliente la freidora a 400 grados F.

2. Rociar el pescado con aceite.

3. Sazone el pescado con especias y pimienta por ambos lados.

4. Coloque el pescado en la cesta de la freidora.

5. Cocine por 5 minutos.

6. Voltee y cocine por otros 5 minutos.

Porciones de trucha con salsa de pepino: 4

Tiempo de cocción: 10 minutos

Ingredientes:

Perejil:

1 pepino inglés, cortado en cubitos

¼ de taza de yogur de coco sin azúcar

2 cucharadas de menta fresca picada

1 chalota, partes blanca y verde, picada

1 cucharadita de miel cruda

Sal marina

Pez:

4 (5 oz) filetes de trucha, secos

1 cucharada de aceite de oliva

Sal marina y pimienta negra recién molida al gusto.Instrucciones:

1. Prepare la salsa: en un tazón pequeño, combine el yogur, el pepino, la menta, el cebollino, la miel y la sal marina hasta que estén completamente combinados. Ponlo a un lado.

2. Frote ligeramente los filetes de trucha con sal marina y pimienta sobre una superficie limpia.

3. Calienta el aceite en una sartén grande a fuego medio. Agrega los filetes de trucha a la sartén caliente y cocina por unos 10 minutos, volteando el pescado a la mitad, o hasta que esté cocido a tu gusto.

4. Espolvorea el pescado con perejil y sirve.

<u>Información nutricional:</u>calorías: 328; grasa: 16,2 g; proteínas: 38,9 g; carbohidratos: 6,1 g

; fibra: 1,0 g; azúcar: 3,2 g; sodio: 477 mg

Porciones de zoodles de camarones y limón: 4

Tiempo de cocción: 0 minutos

Ingredientes:

Salsa:

½ taza de hojas de albahaca frescas empacadas

Jugo de 1 limón (o 3 cucharadas)

1 cucharadita de ajo machacado de la botella

Triturar la sal marina

Triturar pimienta negra recién molida

¼ de taza de leche de coco entera enlatada

1 calabacín amarillo grande, cortado en palitos o espirales 1 calabacín amarillo grande, cortado en palitos o espirales

454 g (1 libra) de camarones, limpios, cocidos, pelados y refrigerados Ralladura de 1 limón (opcional)

Instrucciones:

1. Prepara la salsa: Licua las hojas de albahaca, el jugo de limón, el ajo, la sal marina y la pimienta en un procesador de alimentos hasta que estén finamente picados.

2. Vierte lentamente la leche de coco mientras el robot sigue funcionando. Pulse hasta que quede suave.

3. Transfiera la salsa a un tazón grande junto con la calabaza amarilla y el calabacín. dispara bien.

4. Espolvorea la pasta con camarones y ralladura de limón (si lo deseas). Servir inmediatamente.

Información nutricional:Calorías: 246; grasa: 13,1 g; proteínas: 28,2 g; carbohidratos: 4,9 g

; fibra: 2,0 g; azúcar: 2,8 g; sodio: 139 mg

Porciones de camarones crujientes: 4

Tiempo de cocción: 3 minutos

Ingredientes:

1 libra de camarones, pelados y desvenados

½ taza de mezcla para freír pescado

Spray para cocinar

Instrucciones:

1. Precaliente la freidora a 390 grados F.

2. Espolvorea los camarones con aceite.

3. Cubrir con pan rallado.

4. Rocíe la cesta de la freidora con aceite.

5. Coloque los camarones en la canasta de la freidora.

6. Cocine por 3 minutos.

Porciones de lubina a la plancha: 2

Ingredientes:

2 dientes de ajo picados

Pimienta.

1 cucharada. jugo de limon

2 filetes de lubina blanca

¼ cucharadita de mezcla de hierbas y especias

Instrucciones:

1. Engrasar la fuente del horno con un poco de aceite y colocar el filete.

2. Espolvorea el filete con jugo de limón, ajo y especias.

3. Asa durante unos 10 minutos o hasta que el pescado esté dorado.

4. Sirva con espinacas salteadas, si lo desea.

<u>Información nutricional:</u>Calorías: 169, Grasas: 9,3 g, Carbohidratos: 0,34 g, Proteínas: 15,3

g, azúcares: 0,2 g, sodio: 323 mg

Porciones de tortas de salmón: 4

Tiempo de cocción: 10 minutos

Ingredientes:

Spray para cocinar

1 libra de filetes de salmón, desmenuzados

¼ taza de harina de almendras

2 cucharaditas de condimento Old Bay

1 cebolla verde, picada

Instrucciones:

1. Precaliente la freidora a 390 grados F.

2. Rocíe la cesta de la freidora con aceite.

3. Mezclar los ingredientes restantes en un bol.

4. Forme albóndigas con la masa resultante.

5. Rocíe ambos lados de las hamburguesas con aceite.

6. Freír al aire durante 8 minutos.

Raciones de bacalao picante: 4

Ingredientes:

2 cucharas. perejil fresco picado

2 libras. lomo de bacalao

2c. salsa baja en sodio

1 cucharada. aceite sin sabor

Instrucciones:

1. Precaliente el horno a 350°F.

2. Rocíe el fondo de una cacerola grande y profunda con aceite.

Pon el filete de bacalao en un plato. Espolvorea el pescado con perejil. Cubrir con papel de aluminio durante 20 minutos. Retire el papel de aluminio durante los últimos 10 minutos de horneado.

3. Hornee en el horno durante 20-30 minutos hasta que el pescado esté dorado.

4. Sirva con arroz blanco o integral. Adorne con perejil.

<u>Información nutricional:</u>Calorías: 110, Grasas: 11 g, Carbohidratos: 83 g, Proteínas: 16,5 g, Azúcar: 0 g, Sodio: 122 mg

Porciones de pasta de trucha ahumada: 2

Ingredientes:

2 cucharaditas de jugo de limón fresco

½ masa de requesón bajo en grasa

1 tallo de apio, cortado en cubitos

¼ de libra de filetes de trucha ahumada sin piel

½ cucharadita de salsa inglesa

1 cucharadita salsa de pimienta

¼ taza cebolla morada picada en trozos grandes

Instrucciones:

1. Combine la trucha, el requesón, la cebolla morada, el jugo de limón, la salsa picante y la salsa inglesa en una licuadora o procesador de alimentos.

2. Haga puré hasta que quede suave, deteniéndose y raspando los lados del tazón si es necesario.

3. Incorpora el apio cortado en cubitos.

4. Guárdelo en un recipiente sellado en el refrigerador.

Información nutricional: Calorías: 57, Grasas: 4 g, Carbohidratos: 1 g, Proteínas: 4 g, Azúcar: 0 g, Sodio: 660 mg

Porciones de atún y ajo: 4

Ingredientes:

½ pulgada de caldo de pollo bajo en sodio

1 cucharada. Aceite

4 filetes de atún deshuesados y sin piel

2 chalotas picadas

1 cucharadita pimienta

2 cucharas. limonada

¼ cucharadita de pimienta negra

Instrucciones:

1. Calentar una sartén con aceite a fuego medio, agregar las chalotas y sofreír durante 3 minutos.

2. Agrega el pescado y cocina durante 4 minutos por cada lado.

3. Agrega el resto de los ingredientes, cocina por 3 minutos más, coloca en platos y sirve.

Información nutricional: Calorías: 4040, Grasas: 34,6 g, Carbohidratos: 3 g, Proteínas: 21,4 g, Azúcar: 0,5 g, Sodio: 1000 mg

Porciones de camarones con limón y pimienta: 2

Tiempo de cocción: 10 minutos

Ingredientes:

1 cucharada de jugo de limón

1 cucharada de aceite de oliva

1 cucharadita de pimienta de limón

¼ cucharadita de ajo en polvo

¼ cucharadita de pimentón

12 onzas. camarones, pelados y limpios

Instrucciones:

1. Precaliente la freidora a 400 grados F.

2. Mezcle el jugo de limón, el aceite de oliva, la pimienta limón, el ajo en polvo y el pimentón en un bol.

3. Agrega los camarones y cubre uniformemente con la mezcla.

4. Colocar en la freidora.

5. Cocine por 8 minutos.

Porciones de filete de atún caliente: 6

Ingredientes:

2 cucharas. jugo de limon fresco

Pimienta.

Mayonesa de naranja al horno

¼ taza pimienta negra

6 filetes de atún en rodajas

2 cucharas. Aceite de oliva virgen extra

sal

Instrucciones:

1. Colocar el atún en un bol para que quepa. Agrega aceite, jugo de limón, sal y pimienta. Dale la vuelta al atún para que quede bien cubierto con la marinada. Descanso de 15:00 a 20:00

minutos, volteando una vez.

2. Coloque los granos de pimienta en una bolsa de plástico de doble espesor. Triture los granos de pimienta con una sartén pesada o un martillo

pequeño hasta que queden triturados en trozos grandes. Colocar en un plato grande.

3. Cuando esté listo para cocinar el atún, sumerja los bordes del atún en granos de pimienta triturados. Calienta una sartén antiadherente a fuego medio. Ase los filetes de atún según sea necesario, 4 minutos por lado, agregando 2-3 cucharadas de marinada a la sartén según sea necesario para evitar que se peguen.

4. Servir con mayonesa de ajo y naranja frita.Información nutricional:Calorías: 124, Grasas: 0,4 g, Carbohidratos: 0,6 g, Proteínas: 28 g, Azúcar: 0 g, Sodio: 77 mg

Porciones de salmón cajún: 2

Tiempo de cocción: 10 minutos

Ingredientes:

2 filetes de salmón

Spray para cocinar

1 cucharada de condimento cajún

1 cucharada de miel

Instrucciones:

1. Precaliente la freidora a 390 grados F.

2. Unte ambos lados del pescado con aceite.

3. Espolvoree con condimento cajún.

4. Rocíe la cesta de la freidora con aceite.

5. Coloca el salmón en la cesta de la freidora.

6. Hornee al aire durante 10 minutos.

Tazón De Salmón Y Quinoa Con Verduras

Porciones: 4

Tiempo de cocción: 0 minutos

Ingredientes:

1 libra (454 g) de salmón cocido, cortado en rodajas

4 tazas de quinua cocida

6 rábanos en rodajas finas

1 calabacín cortado en medias lunas

3 tazas de rúcula

3 dientes de ajo, picados

½ taza de aceite de almendras

1 cucharadita de salsa picante sin azúcar

1 cucharada de vinagre de manzana

1 cucharadita de sal marina

½ taza de almendras tostadas para decorar (opcional)Instrucciones:

1. Combine las hojuelas de salmón, la quinua cocida, los rábanos, el calabacín, la rúcula y el cebollino en un tazón grande y mezcle bien.

2. Agregue el aceite de almendras, la salsa picante, el vinagre de sidra de manzana y la sal marina y mezcle.

3. Divida la mezcla en cuatro tazones. Si lo desea, espolvoree cada tazón uniformemente con almendras fileteadas para decorar. Servir inmediatamente.

Información nutricional:Calorías: 769; grasa: 51,6 g; proteínas: 37,2 g; carbohidratos: 44,8 g; fibra: 8,0 g; azúcar: 4,0 g; sodio: 681 mg

Porciones de pescado picado: 4

Tiempo de cocción: 15 minutos

Ingredientes:

¼ taza de aceite de oliva

1 taza de pan rallado seco

4 filetes de pescado blanco

Pimienta al gusto

Instrucciones:

1. Precaliente la freidora a 350 grados F.

2. Espolvorea el pescado con pimienta por ambos lados.

3. Mezclar el aceite y el pan rallado en un bol.

4. Sumerge el pescado en la mezcla.

5. Presione el pan rallado para que se pegue.

6. Pon el pescado en la sartén.

7. Cocine por 15 minutos.

Porciones de chuletas de salmón simples: 4

Tiempo de cocción: 8 a 10 minutos

Ingredientes:

1 libra (454 g) de filetes de salmón sin piel, picados ¼ de taza de cebollas dulces picadas

½ taza de harina de almendras

2 dientes de ajo, picados

2 huevos batidos

1 cucharadita de mostaza Dijon

1 cucharada de jugo de limón recién exprimido

Agregue hojuelas de pimiento rojo

½ cucharadita de sal marina

¼ de cucharadita de pimienta negra recién molida

1 cucharada de aceite de aguacate

Instrucciones:

1. En un tazón grande, combine el salmón picado, la cebolla dulce, la harina de almendras, el ajo, los huevos batidos, la mostaza, el jugo de limón, las hojuelas de pimiento rojo, la sal marina y la pimienta y revuelva hasta que estén bien combinados.

2. Dejar la mezcla de salmón durante 5 minutos.

3. Saque la mezcla de salmón y use las manos para formar cuatro hamburguesas de ½ pulgada de grosor.

4. Calienta el aceite de aguacate en una sartén grande a fuego medio. Coloque las hamburguesas en la sartén caliente y cocine durante 4-5 minutos por cada lado hasta que estén ligeramente doradas y bien cocidas.

5. Retirar del fuego y servir en un plato.

Información nutricional:Calorías: 248; grasa: 13,4 g; proteínas: 28,4 g; carbohidratos: 4,1 g

; fibra: 2,0 g; azúcar: 2,0 g; sodio: 443 mg

Porciones de palomitas de maíz con camarones: 4

Tiempo de cocción: 10 minutos

Ingredientes:

½ cucharadita de cebolla en polvo

½ cucharadita de ajo en polvo

½ cucharadita de pimentón

¼ cucharadita de mostaza molida

⅛ cucharadita de salvia seca

⅛ cucharadita de tomillo molido

⅛ cucharadita de orégano seco

⅛ cucharadita de albahaca seca

Pimienta al gusto

3 cucharadas de maicena

1 libra de camarones, pelados y desvenados

Spray para cocinar

Instrucciones:

1. Mezclar todos los ingredientes excepto los camarones en un bol.

2. Vierta la mezcla sobre los camarones.

3. Rocíe la cesta de la freidora con aceite.

4. Precaliente la freidora a 390 grados F.

5. Pon los camarones dentro.

6. Freír al aire durante 4 minutos.

7. Agite la canasta.

8. Cocine por otros 5 minutos.

Pescado frito picante Porciones: 5

Ingredientes:

1 cucharada. Aceite

1 cucharadita especias sin sal

1 kg de filete de salmón

Instrucciones:

1. Precaliente el horno a 350F.

2. Rocíe el pescado con aceite de oliva y especias.

3. Hornee descubierto por 15 minutos.

4. Cortar y servir.

<u>Información nutricional:</u>Calorías: 192, Grasas: 11 g, Carbohidratos: 14,9 g, Proteínas: 33,1 g, Azúcar: 0,3 g, Sodio: 505 6 mg

Porciones de atún con pimientos: 4

Ingredientes:

½ cucharadita de chile

2 cucharaditas de pimentón

¼ cucharadita de pimienta negra

2 cucharas. Aceite

4 filetes de atún deshuesados

Instrucciones:

1. Calentar una sartén con aceite a fuego medio, agregar los filetes de atún, sazonar con pimentón, pimienta negra y pimiento picante en polvo, sofreír 5 minutos por cada lado, disponer en platos y servir con ensalada.

<u>Información nutricional:</u>Calorías: 455, Grasas: 20,6 g, Carbohidratos: 0,8 g, Proteínas: 63,8

g, azúcares: 7,4 g, sodio: 411 mg

Porciones de chuletas de pescado: 2

Tiempo de cocción: 7 minutos

Ingredientes:

8 oz de filete de pescado blanco

ajo en polvo al gusto

1 cucharadita de jugo de limón

Instrucciones:

1. Precaliente la freidora a 390 grados F.

2. Mezclar todos los ingredientes.

3. Forme albóndigas con la masa resultante.

4. Coloque las chuletas de pescado en la freidora.

5. Cocine por 7 minutos.

Vieiras fritas en miel Porciones: 4

Tiempo de cocción: 15 minutos

Ingredientes:

454 g (1 libra) de vieiras grandes, lavadas y secas Una pizca de sal marina

Aves pimienta negra recién molida

2 cucharadas de aceite de aguacate

¼ taza de miel cruda

3 cucharadas de aminoácidos de coco

1 cucharada de vinagre de manzana

2 dientes de ajo, picados

Instrucciones:

1. Agregue las vieiras, la sal marina y la pimienta a un tazón y mezcle bien.

2. Calienta el aceite de aguacate en una sartén grande a fuego medio.

3. Cocine las vieiras durante 2-3 minutos por lado o hasta que estén de color blanco lechoso u opacas y firmes.

4. Retire las vieiras del fuego y colóquelas en un plato y cúbralas sin apretar con papel de aluminio para mantenerlas calientes. Ponlo a un lado.

5. Vierta la miel, los aminoácidos de coco, el vinagre y el ajo en la sartén y mezcle bien.

6. Llevar a ebullición y cocinar durante unos 7 minutos, revolviendo ocasionalmente, hasta que el líquido se reduzca.

7. Devuelva las vieiras cocidas a la sartén y revuelva para cubrirlas con el glaseado.

8. Divida las vieiras en cuatro platos y sírvalas calientes.

Información nutricional:Calorías: 382; grasa: 18,9 g; proteínas: 21,2 g; carbohidratos: 26,1 g; fibra: 1,0 g; azúcar: 17,7 g; sodio: 496 mg

Filete de bacalao con setas shiitake Porciones: 4

Tiempo de cocción: 15-18 minutos

Ingredientes:

1 diente de ajo, picado

1 puerro, en rodajas finas

1 cucharadita de raíz de jengibre fresco picado

1 cucharada de aceite de oliva

½ taza de vino blanco seco

½ taza de hongos shiitake picados

4 (6 oz/170 g) filetes de bacalao

1 cucharadita de sal marina

⅛ cucharadita de pimienta negra recién molida

Instrucciones:

1. Precalienta el horno a 375ºF (190ºC).

2. Agregue el ajo, los puerros, la raíz de jengibre, el vino, el aceite y los champiñones a una fuente para horno y revuelva hasta que los champiñones estén cubiertos uniformemente.

3. Hornee en horno precalentado durante 10 minutos hasta que se dore ligeramente.

4. Retire la bandeja para hornear del horno. Unte los filetes de bacalao encima y sazone con sal marina y pimienta.

5. Cubrir con papel aluminio y regresar al horno. Horneamos de 5 a 8

minutos o hasta que el pescado esté tierno.

6. Retire el papel aluminio y déjelo enfriar durante 5 minutos antes de servir.

Información nutricional:Calorías: 166; grasa: 6,9 g; proteínas: 21,2 g; carbohidratos: 4,8 g; fibra: 1,0 g; azúcar: 1,0 g; sodio: 857 mg

Porciones de lubina blanca a la plancha: 2

Ingredientes:

1 cucharadita Ajo picado

pimienta negro

1 cucharada. jugo de limon

8 oz de filete de lubina blanca

¼ de cucharadita de mezcla de hierbas y especias sin sal

Instrucciones:

1. Calienta el pollo y coloca la rejilla a 4 pulgadas de distancia de la fuente de calor.

2. Rocíe ligeramente una bandeja para hornear con aceite en aerosol. Coloque los filetes en la fuente para hornear. Espolvorea el filete con jugo de limón, ajo, hierbas y pimienta.

3. Ase hasta que el pescado esté completamente opaco al probarlo con la punta de un cuchillo, aproximadamente de 8 a 10 minutos.

4. Sirva inmediatamente.

Información nutricional: Calorías: 114, Grasas: 2 g, Carbohidratos: 2 g, Proteínas: 21 g, Azúcar: 0,5 g, Sodio: 78 mg

Porciones de lucio con tomate frito: 4-5

Ingredientes:

½ pulgada de salsa de tomate

1 cucharada. Aceite

Perejil

2 tomates picados

½ taza queso rallado

4 libras. lucio deshuesado y cortado

Sal.

Instrucciones:

1. Precaliente el horno a 400 0F.

2. Sazone el pescado con sal.

3. En una sartén o sartén; Freír el pescado en aceite de oliva hasta que esté medio cocido.

4. Coge cuatro trozos de papel de aluminio para cubrir el pescado.

5. Dale forma al papel de aluminio para que parezca un plato; agregue salsa de tomate a cada recipiente de aluminio.

6. Agrega el pescado, las rodajas de tomate y espolvorea con queso rallado.

7. Hornee hasta que esté dorado, unos 20-25 minutos.

minutos.

8. Abrir los paquetes y espolvorear con perejil.

Información nutricional:Calorías: 265, Grasas: 15 g, Carbohidratos: 18 g, Proteínas: 22 g, Azúcar: 0,5 g, Sodio: 94,6 mg

Porciones de remolacha, eglefino cerrado: 4

Tiempo de cocción: 30 minutos

Ingredientes:

8 remolachas, peladas y cortadas en octavos

2 chalotes, en rodajas finas

2 cucharadas de vinagre de manzana

2 cucharadas de aceite de oliva, dividido

1 cucharadita de ajo machacado de la botella

1 cucharadita de tomillo fresco picado

Triturar la sal marina

4 filetes de eglefino (142 g/5 oz), secos Instrucciones:

1. Precalienta el horno a 400ºF (205ºC).

2. En un tazón mediano, combine las remolachas, las chalotas, el vinagre, 1 cucharada de aceite de oliva, el ajo, el tomillo y la sal marina y revuelva bien.

Extienda la mezcla de remolacha en la bandeja para hornear.

3. Hornear en el horno precalentado durante unos 30 minutos, girando la espátula una o dos veces, hasta que las remolachas estén blandas.

4. Mientras tanto, caliente la cucharada restante de aceite de oliva en una sartén grande a fuego medio.

5. Agregue el eglefino y cocine durante 4-5 minutos por cada lado hasta que la carne esté opaca y se desmenuce fácilmente.

6. Transfiera el pescado a un plato y sírvalo con remolacha frita.

Información nutricional: Calorías: 343; grasa: 8,8 g; proteínas: 38,1 g; carbohidratos: 20,9 g

; fibra: 4,0 g; azúcar: 11,5 g; sodio: 540 mg

Porciones justas de atún fundido: 4

Ingredientes:

3 onzas de queso cheddar bajo en grasa rallado

1/3 de pulgada de apio picado

pimienta negra y sal

¼ taza cebolla picada

2 muffins ingleses integrales

6 onzas. atún blanco escurrido

¼ taza ruso bajo en grasas

Instrucciones:

1. Calentar el pollo. Mezcle el atún, el apio, la cebolla y el aderezo para ensalada.

2. Sazone con sal y pimienta.

3. Tostar las mitades de muffin inglés.

4. Coloque el lado abierto hacia arriba en una bandeja para hornear y cubra cada uno con 1/4 de la mezcla de atún.

5. Ase durante 2-3 minutos o hasta que esté completamente caliente.

6. Espolvoree con queso y ase nuevamente hasta que el queso se derrita, aproximadamente 1 minuto más.

<u>Información nutricional:</u>Calorías: 320, Grasas: 16,7 g, Carbohidratos: 17,1 g, Proteínas: 25,7

g, azúcares: 5,85 g, sodio: 832 mg

Salmón con lima y lima kaffir Raciones: 8

Ingredientes:

1 tallo de limoncillo, cortado en cuartos y triturado

2 hojas de lima kaffir trituradas

1 limón en rodajas finas

1 ½ taza hojas de cilantro fresco

1 filete de salmón entero

Instrucciones:

1. Precaliente el horno a 350°F.

2. Cubra la bandeja para hornear con papel de aluminio con los lados superpuestos. 3. Coloque el salmón sobre papel de aluminio, decore con limón, hojas de lima, hierba de limón y 1 taza de hojas de cilantro. Opcional: Sazone con sal y pimienta.

4. Antes de doblar el sello, mueva el lado más largo del papel de aluminio hacia el centro.

Dobla los extremos para cerrar el salmón.

5. Hornee por 30 minutos.

6. Transfiera el pescado cocido a un plato. Espolvorea con cilantro fresco.

Sirva con arroz blanco o integral.

Información nutricional: Calorías: 103, Grasas: 11,8 g, Carbohidratos: 43,5 g, Proteínas: 18 g, Azúcar: 0,7 g, Sodio: 322 mg

Salmón tierno con salsa de mostaza Porciones: 2

Ingredientes:

5 comidas eneldo picado

2/3 de pulgada de crema

Pimienta.

2 cucharas. mostaza de Dijon

1 cucharadita polvo de ajo

5 onzas de filete de salmón

2-3 cucharadas Jugo de limon

Instrucciones:

1. Mezcle la crema agria, la mostaza, el jugo de limón y el eneldo.

2. Sazone el filete con pimienta y ajo en polvo.

3. Coloque el salmón en la bandeja para hornear, con la piel hacia abajo, y viértalo sobre la salsa de mostaza preparada.

4. Hornee por 20 minutos a 390°F.

Información nutricional: Calorías: 318, Grasas: 12 g, Carbohidratos: 8 g, Proteínas: 40,9 g, Azúcar: 909,4 g, Sodio: 1,4 mg

Porciones de ensalada de cangrejo: 4

Ingredientes:

2c. carne de cangrejo

1 w. tomates cherry cortados por la mitad

1 cucharada. Aceite

Pimienta negra

1 chalota picada

1/3 de pulgada de cilantro picado

1 cucharada. jugo de limon

Instrucciones:

1. Mezcle los cangrejos con los tomates y otros ingredientes en un bol, mezcle y sirva.

Información nutricional:Calorías: 54, Grasas: 3,9 g, Carbohidratos: 2,6 g, Proteínas: 2,3 g, Azúcar: 2,3 g, Sodio: 462,5 mg

Porciones de salmón asado con salsa miso: 4

Tiempo de cocción: 15 a 20 minutos

Ingredientes:

Salsa:

¼ de taza de sidra de manzana

¼ taza de miso blanco

1 cucharada de aceite de oliva

1 cucharada de vinagre de arroz blanco

⅛ cucharadita de jengibre en polvo

4 (85-113 g) filetes de salmón deshuesados 1 chalota picada para decorar

⅛ cucharadita de hojuelas de pimiento rojo, para decorar

Instrucciones:

1. Precalienta el horno a 375ºF (190ºC).

2. Prepara el aderezo: En un tazón pequeño, combina la sidra de manzana, el miso blanco, el aceite de oliva, el vinagre de arroz y el jengibre. Si desea una consistencia más fina, agregue un poco de agua.

3. Coloque el filete de salmón en la bandeja para hornear, con la piel hacia abajo. Vierta la salsa sobre los filetes para cubrirlos uniformemente.

4. Hornee en el horno precalentado durante 15-20 minutos o hasta que el pescado se deshaga fácilmente con un tenedor.

5. Adorne con ajo picado y hojuelas de pimiento rojo y sirva.

Información nutricional:Calorías: 466; grasa: 18,4 g; proteínas: 67,5 g; carbohidratos: 9,1 g

; fibra: 1,0 g; azúcar: 2,7 g; sodio: 819 mg

Bacalao frito con hierbas y miel Raciones: 2

Ingredientes:

6 cucharadas de relleno con sabor a hierbas

8 oz de filete de bacalao

2 cucharas. El camino

Instrucciones:

1. Precaliente el horno a 375 0F.

2. Rocíe ligeramente una bandeja para hornear con aceite en aerosol.

3. Coloque el relleno de hierbas en la bolsa y ciérrela bien. Triture el relleno hasta que se dore.

4. Cubrir el pescado con miel y verter el resto de la miel.

Coloque los filetes en la bolsa de carne picada y agítelos suavemente para cubrir el pescado por completo.

5. Transfiera el bacalao a la bandeja para hornear y repita el proceso para el otro pescado.

6. Envuelva el filete en papel de aluminio y hornee por unos 10 minutos hasta que esté firme y opaco (comprobar con la punta de un cuchillo).

7. Servir caliente.

<u>Información nutricional:</u>Calorías: 185, Grasas: 1 g, Carbohidratos: 23 g, Proteínas: 21 g, Azúcar: 2 g, Sodio: 144,3 mg

Porciones de mezcla de bacalao y parmesano: 4

Ingredientes:

1 cucharada. jugo de limon

½ pulgada de cebolla verde picada

4 filetes de bacalao deshuesados

3 dientes de ajo picados

1 cucharada. Aceite

½ pulgada de parmesano rallado

Instrucciones:

1. Calienta una sartén con aceite de oliva a fuego medio, agrega el ajo y el ajo, revuelve y cocina por 5 minutos.

2. Agrega el pescado y cocina durante 4 minutos por cada lado.

3. Vierta el jugo de limón, espolvoree con queso parmesano, cocine por 2 minutos más, colóquelo en platos y sirva.

Información nutricional:Calorías: 275, Grasas: 22,1 g, Carbohidratos: 18,2 g, Proteínas: 12 g, Azúcar: 0,34 g, Sodio: 285,4 mg

Porciones de camarones crujientes al ajillo: 4

Tiempo de cocción: 10 minutos

Ingredientes:

1 libra de camarones, pelados y desvenados

2 cucharaditas de ajo en polvo

Pimienta al gusto

¼ taza de harina

Spray para cocinar

Instrucciones:

1. Sazone los camarones con ajo en polvo y pimienta.

2. Espolvorear con harina.

3. Rocíe la cesta de la freidora con aceite.

4. Coloque los camarones en la canasta de la freidora.

5. Hornee a 400 grados F durante 10 minutos, revolviendo una vez a la mitad.

Mezcla cremosa de lubina Porciones: 4

Ingredientes:

1 cucharada. Perejil picado

2 cucharas. aceite de aguacate

1 pulgada Crema de coco

1 cucharada. limonada

1 cebolla amarilla picada

¼ cucharadita de pimienta negra

4 filetes de lubina deshuesados

Instrucciones:

1. Calentar una sartén con aceite de oliva a fuego medio, agregar la cebolla, revolver y sofreír durante 2 minutos.

2. Agrega el pescado y cocina durante 4 minutos por cada lado.

3. Agrega el resto de los ingredientes, cocina por 4 minutos más, coloca en platos y sirve.

Información nutricional:Calorías: 283, Grasas: 12,3 g, Carbohidratos: 12,5 g, Proteínas: 8 g, Azúcar: 6 g, Sodio: 508,8 mg

Poke de pepino y ahi Porciones: 4

Tiempo de cocción: 0 minutos

Ingredientes:

Ahi Poke:

1 libra (454 g) de atún para sushi ahi, cortado en cubos de 1 pulgada 3 cucharadas de aminoácidos de coco

3 cebolletas, en rodajas finas

1 chile serrano, sin semillas y triturado (opcional) 1 cucharadita de aceite de oliva

1 cucharadita de vinagre de arroz

1 cucharadita de semillas de sésamo tostadas

una pizca de jengibre molido

1 aguacate grande, cortado en cubitos

1 pepino, en rodajas de ½ pulgada de grosorInstrucciones:

1. Prepare el ahi poke: en un tazón grande, combine los cubos de atún ahi con los aminoácidos de coco, las chalotas, el chile serrano (si lo desea), el aceite de oliva, el vinagre, las semillas de sésamo y el jengibre.

2. Cubrir el bol con papel aluminio y dejar marinar en el frigorífico durante 15 horas.

minutos.

3. Agregue el aguacate cortado en cubitos al tazón de ahi poke y revuelva.

4. Coloque las rodajas de pepino en un plato para servir. Pincha el pepino con una cuchara de ahi y sirve.

<u>Información nutricional:</u>calorías: 213; grasa: 15,1 g; proteínas: 10,1 g; carbohidratos: 10,8 g; fibra: 4,0 g; azúcar: 0,6 g; sodio: 70 mg

Bacalao mixto con menta raciones: 4

Ingredientes:

4 filetes de bacalao deshuesados

½ pulgada de caldo de pollo bajo en sodio

2 cucharas. Aceite

¼ cucharadita de pimienta negra

1 cucharada. menta picada

1 cucharadita cáscaras de limón

¼ taza cebolla picada

1 cucharada. jugo de limon

Instrucciones:

1. Calentar una sartén con aceite a fuego medio, agregar las chalotas, revolver y sofreír durante 5 minutos.

2. Agrega el bacalao, el jugo de limón y el resto de los ingredientes, lleva a ebullición y cocina a fuego medio durante 12 minutos.

3. Dividir todo en platos y servir.

Información nutricional:Calorías: 160, Grasas: 8,1 g, Carbohidratos: 2 g, Proteínas: 20,5 g, Azúcar: 8 g, Sodio: 45 mg

Porciones de tilapia con limón y crema: 4

Ingredientes:

2 cucharas. cilantro fresco picado

¼ taza mayonesa baja en grasa

Pimienta negra recién molida

¼ taza jugo de limon fresco

4 filetes de tilapia

½ pulgada de parmesano rallado

½ cucharadita de ajo en polvo

Instrucciones:

1. Mezclar todos los ingredientes en un bol, excepto el filete de tilapia y el cilantro.

2. Cubra el filete uniformemente con la mezcla de mayonesa.

3. Coloque el filete sobre un papel de aluminio grande. Envuelva el filete en papel de aluminio para sellar.

4. Coloque papel de aluminio en el fondo de una olla grande.

5. Pon la olla de cocción lenta a fuego lento.

6. Cubra y cocine durante 3-4 horas.

7. Servir con cilantro.

Información nutricional:Calorías: 133,6 Grasas: 2,4 g Carbohidratos: 4,6 g Proteínas: 22 g Azúcar: 0,9 g Sodio: 510,4 mg

Porciones de tacos de pescado: 4

Tiempo de cocción: 20 minutos

Ingredientes:

Spray para cocinar

1 cucharada de aceite de oliva

4 tazas de repollo

1 cucharada de vinagre de manzana

1 cucharada de jugo de limón

pimienta de cayena

Pimienta al gusto

2 cucharadas de mezcla de condimentos para tacos

¼ taza de harina de trigo

1 kg de filete de bacalao cortado en cubos

4 tortillas de maiz

Instrucciones:

1. Precaliente la freidora a 400 grados F.

2. Rocíe la cesta de la freidora con aceite.

3. En un tazón, combine el aceite de oliva, la ensalada de col, el vinagre, el jugo de limón, la pimienta de cayena y la pimienta.

4. En otro tazón, mezcle el condimento para tacos con la harina.

5. Cubra los cubos de pescado con la mezcla de condimentos para tacos.

6. Colóquelos en la cesta de la freidora.

7. Hornee al aire durante 10 minutos, revolviendo a la mitad.

8. Cubra las tortillas de maíz con la mezcla de pescado y ensalada de col y enrolle.

Porciones de mezcla de lubina de jengibre: 4

Ingredientes:

4 filetes de lubina deshuesados

2 cucharas. Aceite

1 cucharadita jengibre rallado

1 cucharada. cilantro picado

Pimienta negra

1 cucharada. vinagre balsámico

Instrucciones:

1. Calienta una sartén con aceite de oliva a fuego medio, agrega el pescado y cocina por 5 minutos por cada lado.

2. Agrega el resto de los ingredientes, cocina por 5 minutos más, dispone todo en platos y sirve.

Información nutricional: Calorías: 267, Grasas: 11,2 g, Carbohidratos: 1,5 g, Proteínas: 23 g, Azúcar: 0,78 g, Sodio: 321,2 mg

Porciones de camarones al coco: 4

Tiempo de cocción: 6 minutos

Ingredientes:

2 huevos

1 taza de coco rallado sin azúcar

¼ taza de harina de coco

¼ cucharadita de pimentón

una pizca de pimienta de cayena

½ cucharadita de sal marina

Aves pimienta negra recién molida

¼ de taza de aceite de coco

1 libra (454 g) de camarones crudos, pelados, limpios y secos<u>Instrucciones:</u>

1. Batir los huevos en un tazón pequeño y poco profundo hasta que estén espumosos. Ponlo a un lado.

2. En un recipiente aparte, combine el coco, la harina de coco, el pimentón, la pimienta de cayena, la sal marina y la pimienta negra y revuelva hasta que estén bien combinados.

3. Sumerja los camarones en los huevos batidos, luego sumerja los camarones en la mezcla de coco. Sacuda el exceso.

4. Calienta el aceite de coco en una sartén grande a fuego medio.

5. Agregue los camarones y cocine durante 3 a 6 minutos, revolviendo ocasionalmente, hasta que la pulpa esté completamente rosada y opaca.

6. Transfiera los camarones cocidos a un plato forrado con toallas de papel para escurrir. Servir caliente.

Información nutricional:Calorías: 278; grasa: 1,9 g; proteínas: 19,2 g; carbohidratos: 5,8 g; fibra: 3,1 g; azúcar: 2,3 g; sodio: 556 mg

Porciones de cerdo con calabaza y nuez moscada: 4

Tiempo de cocción: 35 min.

Ingredientes:

1 libra de cerdo cocido, cortado en cubitos

1 calabacín, pelado y cortado en cubitos

1 cebolla amarilla, picada

2 cucharadas de aceite de oliva

2 dientes de ajo, picados

½ cucharadita de garam masala

½ cucharadita de nuez moscada molida

1 cucharadita de hojuelas de chile, trituradas

1 cucharada de vinagre balsámico

Una pizca de sal marina y pimienta negra

Instrucciones:

1. Calentar una sartén con aceite de oliva a fuego medio, agregar la cebolla y el ajo y sofreír durante 5 minutos.

2. Agrega la carne y cocina por otros 5 minutos.

3. Agrega el resto de los ingredientes, mezcla, cocina a fuego medio durante 25 minutos, coloca en platos y sirve.

Información nutricional:calorías 348, grasas 18,2, fibra 2,1, carbohidratos 11,4, proteínas 34,3

Porciones de soufflé de queso cheddar y ajo: 8

Tiempo de cocción: 25 minutos

Ingredientes:

½ taza de harina de almendras

¼ de taza de cebollino picado

1 cucharada de sal

½ cucharadita de goma xantana

1 cucharadita de mostaza molida

¼ cucharadita de pimienta de cayena

½ cucharadita de pimienta negra molida

¾ vaso de crema agria

2 tazas de queso cheddar rallado

½ taza de polvo para hornear

6 huevos orgánicos, separados

Instrucciones:

1. Encienda el horno, póngalo a 350°F y precaliente.

2. Coge un bol mediano, añade la harina, añade el resto de los ingredientes excepto la levadura y los huevos y bate hasta que quede suave.

3. Separar las yemas y las claras en dos bols, añadir las yemas a la harina y batir hasta que quede suave.

4. Agregue el polvo de hornear a las claras y bata con una batidora eléctrica hasta que se formen picos rígidos, luego agregue las claras a la mezcla de harina hasta que estén bien combinadas.

5. Divida la masa uniformemente en ocho rebanadas y hornee por 25 minutos hasta que cuaje.

6. Sirva inmediatamente o refrigere hasta que esté listo para usar.

Información nutricional: Calorías 288, grasa total 21 g, carbohidratos 3 g, proteínas 14 g

Tortitas de trigo sarraceno con leche de almendras y vainilla Porciones: 1

Ingredientes:

½ pulgada de leche de almendras y vainilla sin azúcar

2-4 sobres de edulcorante natural

1/8 cucharadita de sal

½ taza de harina de trigo sarraceno

½ cucharadita de levadura en polvo de doble acción

Instrucciones:

1. Prepara un molde para crepes antiadherente y rocíalo con aceite en aerosol, colócalo a fuego medio.

2. Mezcle la harina de trigo sarraceno, la sal, el polvo para hornear y la stevia en un tazón pequeño, luego vierta la leche de almendras.

3. Agregue una cucharada grande de masa a la sartén, cocine hasta que no queden más burbujas en la superficie y toda la superficie luzca seca (2-4 min.). Voltear y freír durante otros 2-4 minutos. Repita con toda la masa restante.

Información nutricional:Calorías: 240, Grasas: 4,5 g, Carbohidratos: 2 g, Proteínas: 11 g, Azúcar: 17 g, Sodio: 67 mg

Tazas con espinacas y huevo feta Porciones: 3

Tiempo de cocción: 25 minutos

Ingredientes:

Huevos grandes - 6

Pimienta negra molida - 0,125 cucharaditas

Cebolla en polvo - 0,25 cucharaditas

Ajo en polvo - 0,25 cucharaditas

Queso feta - 0,33 vasos

espinacas tiernas - 1,5 vasos

sal marina - 0,25 cucharaditas

Instrucciones:

1. Precaliente el horno a 350 grados Fahrenheit, coloque una rejilla en el centro del horno y engrase un molde para muffins.

2. Unte las espinacas y el queso feta en el fondo de 12 moldes para muffins.

3. En un bol, bata los huevos, la sal marina, el ajo en polvo, la cebolla en polvo y la pimienta negra hasta que la clara se disuelva por completo en la yema. Vierte el huevo, las espinacas y el queso en los muffins, llenándolos

hasta las tres cuartas partes de su capacidad. Coloca la bandeja para hornear en el horno hasta que los huevos estén completamente cocidos, aproximadamente de dieciocho a veinte minutos.

4. Retire las espinacas y el queso feta del horno y sírvalos calientes o deje que los huevos se enfríen completamente a temperatura ambiente antes de refrigerarlos.

Porciones de frittata de desayuno: 2

Tiempo de cocción: 20 minutos

Ingredientes:

1 cebolla picada

2 cucharadas de pimiento rojo, triturado

Desayuno ¼ libra de salchicha de pavo, cocida y desmenuzada 3 huevos batidos

pimienta de cayena

Instrucciones:

1. Mezclar todos los ingredientes en un bol.

2. Vierta en una fuente para hornear pequeña.

3. Coloque la sartén en la cesta de la freidora.

4. Cocinar en la Airfryer durante 20 minutos.

Burrito de pollo con quinua Porciones: 6

Tiempo de cocción: 5 horas

Ingredientes:

1 libra de muslos de pollo (sin piel y deshuesados)

1 taza de caldo de pollo

1 lata de tomates cortados en cubitos (14,5 onzas)

1 cebolla picada)

3 dientes de ajo (picados)

2 cucharaditas de chile en polvo

½ cucharadita de cilantro

½ cucharadita de ajo en polvo

1 pimiento morrón (finamente picado)

15 onzas de frijoles pintos (escurridos)

1 ½ tazas de queso cheddar (rallado)

Instrucciones:

1. Mezcle el pollo, los tomates, el caldo, la cebolla, el ajo, el chile en polvo, el ajo en polvo, el cilantro y la sal. Coloca la sartén a fuego lento.

2. Retirar el pollo y desmenuzarlo con tenedor y cuchillo.

3. Regrese el pollo a la olla de cocción lenta y agregue la quinua y los frijoles.

4. Pon la sartén a fuego lento durante 2 horas.

5. Cubra con queso y continúe cocinando y revuelva suavemente hasta que el queso se derrita.

6. Servir.

Información nutricional:Calorías 144 mg Grasa total: 39 g Carbohidratos: 68 g Proteínas: 59 g Azúcar: 8 g Fibra: 17 g Sodio: 756 mg Colesterol: 144 mg

Porciones de tostada de aguacate con huevo: 3

Tiempo de cocción: 0 minutos

Ingredientes:

1 ½ cucharadita de ghee

1 rebanada de pan, sin gluten y tostado

½ aguacate, en rodajas finas

un puñado de espinacas

1 huevo revuelto o revuelto

Una pizca de hojuelas de pimiento rojo

Instrucciones:

1. Unte ghee sobre pan tostado. Coloque encima las rodajas de aguacate y las hojas de espinaca. Cubra con huevos revueltos o cocidos. Terminar con una pizca de hojuelas de pimiento rojo.

Información nutricional: Calorías 540 Grasas: 18 g Proteínas: 27 g Sodio: 25 mg Carbohidratos totales: 73,5 g Fibra dietética: 6 g

Porciones de avena con almendras: 2

Tiempo de cocción: 0 minutos

Ingredientes:

1 taza de avena a la antigua

½ taza de leche de coco

1 cucharada de jarabe de arce

¼ taza de arándanos

3 cucharadas de almendras picadas

Instrucciones:

1. En un bol, mezcla la avena con la leche de coco, el sirope de arce y las almendras. Cubrir y dejar toda la noche. Servir al día siguiente.

2. ¡Disfruta!

Información nutricional:Calorías 255, Grasa 9, Fibra 6, Carbohidratos 39, Proteína 7

Porciones de tortitas choco-nana: 2

Tiempo de cocción: 6 minutos

Ingredientes:

2 plátanos grandes, pelados y triturados

2 huevos grandes criados en pastos

3 cucharadas de cacao en polvo

2 cucharadas de mantequilla de almendras

1 cucharadita de extracto puro de vainilla

1/8 cucharadita de sal

Aceite de coco para lubricación.

Instrucciones:

1. Calienta una sartén a fuego medio y engrasa con aceite de coco.

2. Coloque todos los ingredientes en un procesador de alimentos y mezcle hasta que quede suave.

3. Vierta un poco de masa (aproximadamente ¼ de taza) en el molde y forme un panqueque.

4. Cocine por 3 minutos por cada lado.

Información nutricional:Calorías 303 Grasa total 17 g Grasa saturada 4 g Carbohidratos 36 g Carbohidratos netos 29 g Proteína 5 g Azúcar: 15 g Fibra: 5 g Sodio: 108 mg Potasio 549 mg

Porciones de barras de avena y camote: 6

Tiempo de cocción: 35 min.

Ingredientes:

Batatas, hervidas, trituradas - 1 taza

Leche de almendras, sin azúcar - 0,75 vasos

huevo - 1

Pasta de dátiles - 1,5 cucharadas

extracto de vainilla - 1,5 cucharaditas

Bicarbonato de sodio - 1 cucharadita

Canela molida - 1 cucharadita

Clavo molido - 0,25 cucharaditas

nuez moscada molida - 0,5 cucharaditas

jengibre molido - 0,5 cucharaditas

Semillas de lino molidas - 2 cucharadas

Proteína en polvo - 1 porción

Harina de coco - 0,25 tazas

Avena - 1 taza

Coco seco sin azúcar - 0,25 vasos

Nueces picadas - 0,25 tazas

Instrucciones:

1. Precaliente el horno a 375 grados Fahrenheit y cubra un molde para hornear cuadrado de veinte por ocho pulgadas con papel pergamino. Desea tener un poco de papel pergamino colgando de los lados del molde para que se levante cuando las barras terminen de hornearse.

2. Coloca todos los ingredientes de la avena y el boniato en una licuadora, excepto el coco desecado y las nueces picadas.

Pulsa la mezcla durante unos minutos hasta que quede suave, luego apaga la batidora. Es posible que tengas que raspar los lados de la licuadora y volver a licuar.

3. Agrega el coco y las nueces a la masa y mezcla con una espátula. No vuelvas a revolver la mezcla ya que no querrás que estos grumos se peguen. Vierta la mezcla de barra de avena y camote en el molde preparado y extienda.

4. Coloque la barra de avena en el centro del horno y hornee hasta que las barras estén firmes, aproximadamente veintidós.

veinticinco minutos. Retire la bandeja para hornear del horno. Coloque una rejilla para enfriar junto a la bandeja para hornear, luego corte suavemente el papel pergamino sobre el borde, retírelo con cuidado de la bandeja para hornear y colóquelo sobre una rejilla para que se enfríe. Deje que las barras de avena y batata se enfríen por completo antes de cortarlas.

Porciones simples de tortitas de papa: 3

Tiempo de cocción: 35 min.

Ingredientes:

Tortitas de papa ralladas, congeladas - 1 libra

huevos - 2

sal marina - 0,5 cucharaditas

Ajo en polvo - 0,5 cucharaditas

cebolla en polvo - 0,5 cucharaditas

Pimienta negra molida - 0,125 cucharaditas

Aceite de oliva virgen extra - 1 cucharada

Instrucciones:

1. Empiece por precalentar la plancha para gofres.

2. Batir los huevos en un bol hasta que se rompan, luego añadir el resto de los ingredientes. Dóblalos todos hasta que la papa esté cubierta uniformemente con el huevo y las especias.

3. Engrasar la gofrera y esparcir un tercio de la mezcla de cebolla. Cierra la tapa y deja que las papas se cocinen hasta que estén doradas en el centro,

aproximadamente de 12 a 15 minutos. Retire con cuidado la cebolla enfriada con un tenedor y continúe cocinando otro tercio de la mezcla, luego el último tercio.

4. Puedes guardar las patatas hervidas en el frigorífico y luego recalentarlas en una gofrera o en el horno para que vuelvan a quedar crujientes más tarde.

Frittata con champiñones y espárragos

Porciones: 1

hora de cocinar:

Ingredientes:

huevos - 2

Tallos de espárragos - 5

Agua - 1 cucharada

Aceite de oliva virgen extra - 1 cucharada

Champiñones en rodajas - 3

sal marina - una pizca

Cebollas verdes picadas - 1

Queso de cabra semiblando - 2 cucharadas

Instrucciones:

1. Mientras prepara la frittata, precaliente el horno para asar las parrillas. Prepare las verduras desechando los extremos duros de los espárragos y luego córtelas en trozos pequeños.

2. Engrase un molde para horno de 7 a 8 pulgadas y colóquelo a fuego medio. Agrega los champiñones y cocina por dos minutos, luego agrega los espárragos y cocina por dos minutos más. Después de cocinar, distribuya las verduras uniformemente en el fondo de la sartén.

3. Mezclar los huevos, el agua y la sal marina en un bol pequeño y verter sobre las verduras asadas. Espolvorea la frittata con cebollas verdes picadas y queso de cabra desmenuzado.

4. Deje que la sartén se cocine tranquilamente en la estufa hasta que los huevos revueltos en la fritta comiencen a solidificarse en los bordes y se despeguen de los lados de la sartén. Levante con cuidado la sartén y gírela con un movimiento circular suave para cocinar el huevo de manera uniforme.

5. Transfiera la frittata al horno y cocine debajo del asador hasta que el huevo esté completamente cocido, otros dos o tres minutos. Ten cuidado con el huevo de frittata para que no se cocine demasiado. Retire la frittata del horno inmediatamente después de hornearla, transfiérala a un plato y disfrútela mientras aún esté caliente.

Cazuela de tostadas francesas en olla de cocción lenta Porciones: 9

Tiempo de cocción: 4 horas

Ingredientes:

2 huevos

2 claras de huevo

1 ½ leche de almendras o leche al 1%

2 cucharadas de miel cruda

1/2 cucharadita de canela

1 cucharadita de extracto de vainilla

9 rebanadas de pan

Llenar:

3 tazas de manzanas (picadas)

2 cucharadas de miel cruda

1 cucharada de jugo de limón

1/2 cucharadita de canela

1/3 taza de nueces

Instrucciones:

1. Colocar los primeros seis productos en un bol y mezclar.

2. Engrasa la olla de cocción lenta con spray antiadherente.

3. Mezcle todos los ingredientes del relleno en un tazón pequeño y reserve. Cubre con cuidado los trozos de manzana con el relleno.

4. Cortar las rebanadas de pan por la mitad (triángulo), luego colocar tres rodajas de manzana en el fondo y un poco de aserrín encima. Coloca las rebanadas de pan y el relleno siguiendo el mismo patrón.

5. Colocar la masa de huevo sobre el pan y las capas de relleno.

6. Pon la sartén a fuego alto durante 2 1/2 horas. o a fuego lento durante 4 horas.

Información nutricional:Calorías 227 Grasa total: 7 g Carbohidratos: 34 g Proteína: 9 g Azúcar: 19 g Fibra: 4 g Sodio: 187 mg

Salchicha de pavo con tomillo y salvia raciones: 4

Tiempo de cocción: 25 minutos

Ingredientes:

1 libra de pavo molido

½ cucharadita de canela

½ cucharadita de ajo en polvo

1 cucharadita de romero fresco

1 cucharadita de tomillo fresco

1 cucharadita de sal marina

2 cucharaditas de salvia fresca

2 cucharadas de aceite de coco

Instrucciones:

1. Mezclar todos los ingredientes excepto el aceite en un bol.

Refrigere durante la noche o durante 30 minutos.

2. Vierta aceite en la mezcla. Forme cuatro hamburguesas con la masa resultante.

3. Freír las albóndigas en una sartén ligeramente engrasada a fuego medio durante 5 minutos por cada lado, hasta que el centro ya no esté rosado. También se pueden hornear en el horno a 25

minutos a 400°F.

Información nutricional:Calorías 284 Grasas: 9,4 g Proteínas: 14,2 g Sodio: 290 mg Carbohidratos totales: 36,9 g Fibra dietética: 0,7 g

Cóctel de espinacas y cerezas Porciones: 1

Tiempo de cocción: 0 minutos

Ingredientes:

1 taza de kéfir natural

1 taza de cerezas deshuesadas congeladas

½ taza de hojas tiernas de espinaca

¼ taza de puré de aguacate maduro

1 cucharada de mantequilla de almendras

1 pieza de jengibre pelado (1/2 pulgada)

1 cucharadita de semillas de chía

Instrucciones:

1. Pon todos los ingredientes en una licuadora. Pulse hasta que quede suave.

2. Enfriar en el frigorífico antes de servir.

Información nutricional: Calorías 410 Grasa total 20 g Carbohidratos 47 g Carbohidratos netos 37 g Proteína 17 g Azúcar 33 g Fibra: 10 g Sodio: 169 mg

Porciones de patatas para el desayuno: 2

Tiempo de cocción: 15 minutos

Ingredientes:

5 patatas, cortadas en cubos

1 cucharada de aceite

½ cucharadita de ajo en polvo

¼ cucharadita de pimienta

½ cucharadita de pimentón ahumado

Instrucciones:

1. Precaliente la freidora a 400 grados F durante 5 minutos.
2. Servir las patatas en aceite de oliva.
3. Sazone con ajo en polvo, pimienta y pimentón.
4. Coloque las patatas en la cesta de la freidora.
5. Cocinar en la Airfryer durante 15 minutos.

Porciones rápidas de avena y plátanos: 1

Ingredientes:

1 plátano maduro triturado

½ pulgada de agua

Gachas instantáneas de ½ pulgada

Instrucciones:

1. Mida la avena y el agua en un recipiente apto para microondas y revuelva para combinar.

2. Coloca el recipiente en el microondas y caliéntalo a temperatura alta durante 2 minutos.

3. Retira el bol del microondas, vierte el puré de plátano y disfruta.

Información nutricional:Calorías: 243, Grasas: 3 g, Carbohidratos: 50 g, Proteínas: 6 g, Azúcar: 20 g, Sodio: 30 mg

Cóctel de plátano y almendras Porciones: 1

Ingredientes:

1 cucharada. mantequilla de almendras

Cubitos de hielo de ½ pulgada

½ pulgada de espinacas empacadas

1 plátano mediano, pelado y congelado

1 pulgada leche desnatada

Instrucciones:

1. Licue todos los ingredientes en una licuadora de alta potencia hasta que quede suave y cremoso.

2. Sirve y disfruta.

Información nutricional:Calorías: 293, Grasas: 9,8 g, Carbohidratos: 42,5 g, Proteínas: 13,5

g, azúcar: 12 g, sodio: 111 mg

Porciones de barritas energéticas de chía y chocolate sin hornear: 14

Tiempo de cocción: 0 minutos

Ingredientes:

1 ½ tazas de dátiles sin hueso

1/taza de hojuelas de coco sin azúcar

1 taza de nueces crudas en trozos

1/4 taza (35 g) de cacao natural en polvo

1/2 taza (75 g) de semillas de chía enteras

1/2 taza (70 g) de chocolate amargo picado

1/2 taza (50 g) de avena

1 cucharadita de extracto puro de vainilla, opcional para realzar el sabor 1/4 cucharadita de sal marina sin refinar

Instrucciones:

1. Muele los dátiles con una batidora hasta que se forme una pasta espesa.

2. Agrega las nueces y mezcla hasta que quede suave.

3. Aplicar el resto de la fijación y mezclar hasta obtener una masa espesa.

4. Forre una bandeja para hornear rectangular con papel de hornear. Coloca firmemente la mezcla en la sartén y colócala en todos los rincones.

5. Refrigere hasta medianoche, al menos unas horas.

6. Desmoldar y cortar en 14 tiras.

7. Colocar en el frigorífico o en un recipiente hermético.

Información nutricional:Azúcar 17 g Grasa: 12 g Calorías: 234 Carbohidratos: 28 g Proteína: 4,5 g

Tazón de desayuno con frutas y linaza

Porciones: 1

Tiempo de cocción: 5 minutos

Ingredientes:

Para la papilla:

¼ de taza de linaza recién molida

¼ cucharadita de canela en polvo

1 taza de leche de almendras o coco

1 plátano mediano, triturado

Una pizca de sal marina fina

Rellenos:

Arándanos, frescos o descongelados

Nueces crudas picadas

Sirope de arce puro (opcional)

Instrucciones:

1. Combine todos los ingredientes de la papilla en una cacerola mediana a fuego medio. Revuelve constantemente durante 5 minutos o hasta que la avena espese y hierva.

2. Transfiera la papilla cocida a un bol. Adorne con aderezos y rocíe con un poco de jarabe de arce si lo desea un poco más dulce.

Información nutricional:Calorías 780 Grasas: 26 g Proteínas: 39 g Sodio: 270 mg Carbohidratos totales: 117,5 g

Cereal para el desayuno en olla de cocción lenta Porciones: 8

Ingredientes:

4c. Leche de almendras

2 paquetes de stevia

2c. avena cortada en acero

1/3 de pulgada de orejones picados

4c. agua

1/3 de pulgada de cerezas secas

1 cucharadita canela

1/3 de pulgada de pasas

Instrucciones:

1. Mezclar bien todos los ingredientes en una olla de cocción lenta.

2. Cubra y ajuste hacia abajo.

3. Cocine por 8 horas.

4. Puedes hacer esto la noche anterior para que el desayuno esté listo por la mañana.

Información nutricional:Calorías: 158,5, Grasas: 2,9 g, Carbohidratos: 28,3 g, Proteínas: 4,8

g, azúcares: 11 g, sodio: 135 mg

Porciones de pan de calabaza: 12

Tiempo de cocción: 2 horas 30 minutos

Ingredientes:

Harina de calabaza - 3 vasos

harina de trigo integral - 1 taza

Harina de maíz - 0,5 tazas

Cacao en polvo - 1 cucharada

Levadura deshidratada activa - 1 cucharada

Semillas de comino - 2 cucharaditas

Sal marina - 1,5 cucharaditas

Agua tibia: 1,5 vasos, cantidad dividida

Pasta de dátil - 0,25 vasos, cantidad dividida

Aceite de aguacate - 1 cucharada

Puré de batatas - 1 taza

Huevo batido - 1 clara de huevo + 1 cucharada de agua

Instrucciones:

1. Preparar un molde para pan de 20 x 12 cm forrándolo con papel de horno y engrasándolo ligeramente.

2. Mezcle una taza de agua con la harina de maíz en una cacerola hasta que esté caliente y espesa, aproximadamente cinco minutos. Asegúrese de revolver mientras calienta para evitar grumos. Una vez espesa, retira la sartén del fuego y agrega la pasta de dátiles, el cacao en polvo, las semillas de comino y el aceite de aguacate. Deja la sartén a un lado hasta que el contenido se enfríe y esté tibio.

3. Vierta la 1/2 taza restante de agua tibia en un tazón grande con la levadura, revuelva hasta que la levadura se disuelva. Deje esta mezcla sobre el pan de centeno durante unos diez minutos hasta que suba y se hinche.

Lo mejor es hacerlo en un lugar cálido.

4. Una vez que la levadura comience a subir, agregue el agua tibia con maicena a la cacerola junto con el puré de camote.

Una vez que los líquidos y las papas estén combinados, agregue la harina integral y de centeno. Amasar la mezcla durante diez minutos, preferiblemente con una batidora de mano y un gancho para masa de levadura. el pastel esta listo

cuando forme una bola sólida y suave y se separe de los lados del tazón.

5. Retire el gancho para amasar y cubra el tazón con una envoltura de plástico o un paño de cocina limpio y húmedo. Coloque el tazón para mezclar en un lugar cálido para que suba hasta que la masa haya duplicado su tamaño, aproximadamente una hora.

6. Mientras hace el pan, precaliente el horno a 375 grados Fahrenheit.

7. Forme un rollo con la masa y colóquelo en el molde de pan preparado. Agregue el huevo batido y luego cepille ligeramente la parte superior del pan preparado con una brocha de repostería. Si es necesario, corte el pan con un cuchillo afilado para crear un patrón decorativo.

8. Coloque el pan en el medio del horno caliente y hornee hasta que adquiera un bonito color oscuro y suene hueco al golpearlo, aproximadamente una hora. Retire el pan de centeno del horno y déjelo enfriar en el molde durante cinco minutos, luego retire el pan de centeno del molde y transfiera el pan a una rejilla de metal para que se enfríe más. No cortes el pan hasta que se haya enfriado por completo.

Pudín de coco, frambuesa y chía Porciones: 4

Tiempo de cocción: 0 minutos

Ingredientes:

¼ de taza de semillas de chía

½ cucharada de stevia

1 taza de leche de coco, sin azúcar, saludable

2 cucharadas de almendras

¼ de taza de frambuesas

Instrucciones:

1. Tome un tazón grande, agregue las semillas de chía junto con la stevia y la leche de coco, revuelva hasta que se combinen y refrigere durante la noche hasta que espese.

2. Saca el pudín de la nevera, espolvorea con almendras y arándanos y sirve inmediatamente.

Información nutricional:Calorías 158, Grasa total 14,1 g, Carbohidratos 6,5 g, Proteínas 2 g, Azúcar 3,6 g, Sodio 16 mg

Ensalada de desayuno de fin de semana

Porciones: 4

Tiempo de cocción: 0 minutos

Ingredientes:

Huevos, cuatro duros

limón uno

Rúcula, diez tazas

Quinua, 1 taza cocida y enfriada

Aceite de oliva, dos cucharadas

Eneldo, picado, media taza

Almendras picadas, una taza

Aguacate, rodaja grande y fina

Pepino, en rodajas, media taza

Tomate, grande, cortado en rodajas

Instrucciones:

1. Mezclar la quinoa, el pepino, los tomates y la rúcula. Mezcle estos ingredientes ligeramente con aceite de oliva, sal y pimienta. Saltear y cubrir con huevo y aguacate. Espolvorea cada ensalada con almendras y hierbas. Espolvorea con jugo de limón.

Información nutricional:Calorías 336 Grasas 7,7 g Proteínas 12,3 g Carbohidratos 54,6 g Azúcar 5,5 g Fibra 5,2 g

Delicioso arroz vegetariano salado con brócoli y coliflor

Porciones: 2

Tiempo de cocción: 7 minutos

Ingredientes:

½ taza de floretes de brócoli, arroz

1 ½ tazas de floretes de coliflor, arroz

¼ cucharadita de ajo en polvo

¼ cucharadita de sal

¼ cucharadita de pimienta negra molida

1/8 cucharadita de nuez moscada molida

½ cucharada de mantequilla sin sal

1/8 taza de queso mascarpone

¼ de taza de queso cheddar fuerte rallado

Instrucciones:

1. En un tazón mediano apto para horno, agregue todos los ingredientes excepto el mascarpone y el queso cheddar y mezcle hasta que se combinen.

2. Coloca el bol en el microondas, programa la potencia del microondas a 5 minutos, luego agrega el queso y continúa cocinando por 2 minutos.

3. Agregue el mascarpone a un bol, mezcle hasta que quede suave y cremoso y sirva inmediatamente.

Información nutricional:Calorías 138, Grasa total 9,8 g, Carbohidratos 6,6 g, Proteínas 7,5 g, Azúcar 2,4 g, Sodio 442 mg

Porciones de tostadas mediterráneas: 2

Ingredientes:

1 ½ cucharadita de queso feta desmenuzado bajo en grasa

3 aceitunas griegas cortadas en rodajas

¼ de aguacate triturado

1 rebanada de buen pan integral

1 cucharada. hummus de pimiento rojo asado

3 tomates cherry en rodajas

1 huevo duro en rodajas

Instrucciones:

1. Primero tuesta el pan y espolvorea con ¼ de aguacate triturado y 1 una cucharada de hummus.

2. Añade los tomates cherry, las aceitunas, el huevo duro y el queso feta.

3. Sazone con sal y pimienta al gusto.

Información nutricional: Calorías: 333,7, Grasas: 17 g, Carbohidratos: 33,3 g, Proteínas: 16,3

g, azúcar: 1 g, sodio: 700 mg

Ensalada de camote para el desayuno

Porciones: 2

Tiempo de cocción: 0 minutos

Ingredientes:

1 cucharada de proteína en polvo

¼ taza de arándanos

¼ de taza de frambuesas

1 plátano, pelado

1 batata hervida, pelada y cortada en cubitos

Instrucciones:

1. Poner la patata en un bol y triturarla con un tenedor. Agregue el plátano y la proteína en polvo y mezcle bien. Agrega las fresas, revuelve y sirve frío.

2. ¡Disfruta!

Información nutricional:Calorías 181, Grasa 1, Fibra 6, Carbohidratos 8, Proteína 11

Tazas de desayuno falsas de Hash Brown

Porciones: 8

Ingredientes:

40 g de cebolla picada

8 huevos grandes

7 ½ g de ajo en polvo

2 ½ g de pimienta

170 g de queso desnatado rallado

170 g de batatas ralladas

2½ gramos de sal

Instrucciones:

1. Precaliente el horno a 400 0F y prepare un molde para muffins con moldes.

2. Agregue la batata rallada, la cebolla, el ajo y las especias a un tazón y mezcle bien antes de verterlos en cada taza. Rompe un huevo grande en cada taza y hornea por 15 minutos hasta que los huevos estén listos.

3. Sirva fresco o guárdelo.

Información nutricional: Calorías: 143, Grasas: 9,1 g, Carbohidratos: 6 g, Proteínas: 9 g, Azúcar: 0 g, Sodio: 290 mg

Tortilla de espinacas y champiñones Porciones: 2

Ingredientes:

2 cucharas. Aceite

2 huevos enteros

3C. espinacas, frescas

Spray para cocinar

10 champiñones Baby Bella en rodajas

8 comidas cebolla morada picada

4 claras de huevo

2 onzas. Queso de cabra

Instrucciones:

1. Coloca la sartén a fuego medio y agrega las aceitunas.

2. Agregue la cebolla morada picada a la sartén y revuelva hasta que esté transparente.

Luego agrega los champiñones a la sartén y revuelve hasta que estén ligeramente dorados.

3. Agregue las espinacas y revuelva hasta que se ablanden. Sazona con un poco de pimienta y sal. Alejar del calor.

4. Rocíe una cacerola pequeña con aceite en aerosol y colóquela a fuego medio.

5. Rompe 2 huevos enteros en un tazón pequeño. Agrega 4 claras de huevo y bate hasta que quede suave.

6. Vierta los huevos batidos en una cacerola pequeña y deje la mezcla por un minuto.

7. Utilice una espátula para cepillar ligeramente los bordes de la sartén.

Levante la sartén e inclínela hacia abajo y alrededor en círculo para que los huevos pasados por agua lleguen al centro y se cocinen hasta los bordes de la sartén.

8. Agrega el queso de cabra desmenuzado a un lado de la tortilla con la mezcla de champiñones.

9. Luego, con una espátula, doble suavemente el otro lado de la tortilla sobre el lado de los champiñones.

10. Hervir durante treinta segundos. Luego transfiera la tortilla a un plato.

Información nutricional: Calorías: 412, Grasas: 29 g, Carbohidratos: 18 g, Proteínas: 25 g, Azúcar: 7 g, Sodio: 1000 mg

Wraps de ensalada con pollo y verduras

Porciones: 2

Tiempo de cocción: 15 minutos

Ingredientes:

½ cucharada de mantequilla sin sal

¼ de pollo molido

1/8 taza de calabacín, cortado en cubitos

¼ de pimiento verde, sin hueso y picado

1/8 taza de calabaza amarilla, cortada en cubitos

¼ de cebolla mediana, picada

½ cucharadita de ajo picado

Pimienta negra recién molida al gusto

¼ cucharadita de curry en polvo

½ cucharadita de salsa de soja

2 hojas grandes de lechuga

½ taza de parmesano rallado

Instrucciones:

1. Tome una sartén, póngala a fuego medio, agregue la mantequilla y el pollo, desmenuce y cocine por unos 5 minutos hasta que el pollo ya no esté rosado.

2. Luego agregue los calabacines, los pimientos, la cebolla y el ajo a la sartén, revuelva hasta que se combinen y cocine por 5 minutos.

3. Luego sazone con pimienta negra y curry en polvo, espolvoree con salsa de soja, mezcle bien y continúe cocinando durante 5 minutos, reserve hasta que sea necesario.

4. Arma los wraps, esparce la mezcla de pollo uniformemente sobre cada hoja de lechuga, espolvorea con queso y sirve.

5. Para preparar comidas, coloque la mezcla de ave en un recipiente hermético y refrigere por hasta dos días.

6. Cuando esté listo para comer, recalienta el pollo en el microondas hasta que esté caliente, agrégalo a las hojas de ensalada y sirve.

<u>Información nutricional:</u>Calorías 71, Grasa total 6,7 g, Carbohidratos 4,2 g, Proteínas 4,8 g, Azúcar 30,5 g, Sodio 142 mg

Tazón de plátano y canela cremoso Porciones: 1

Tiempo de cocción: 3 minutos

Ingredientes:

1 plátano grande, maduro

¼ cucharadita de canela en polvo

Una pizca de sal marina bastaría

2 cucharadas de mantequilla de coco, derretida

Puedes elegir entre complementos: frutas, semillas o frutos secos.Instrucciones:

1. Triture el plátano en un bol. Agrega la canela y la sal marina celta. Ponlo a un lado.

2. Calienta la mantequilla de coco en una sartén a fuego lento.

Vierte la mantequilla caliente en la mezcla de plátano.

3. Adorne con sus frutas, semillas o nueces favoritas antes de servir.

Información nutricional:Calorías 564 Grasas: 18,8 g Proteínas: 28,2 g Sodio: 230 mg Carbohidratos totales: 58,2 g Fibra dietética: 15,9 g

Buen cereal con arándanos y canela Porciones: 2

Tiempo de cocción: 35 min.

Ingredientes:

1 taza de cereales integrales (a elegir entre trigo sarraceno, trigo sarraceno o quinua) 2 ½ tazas de agua de coco o leche de almendras

1 rama de canela

2 dientes enteros

1 vaina de anís estrellado (opcional)

Fruta fresca: manzanas, moras, arándanos, peras o caquis

Sirope de arce (opcional)

Instrucciones:

1. Hervir los granos, el agua de coco y las especias en una olla. Cubra y reduzca el fuego a medio-bajo. Cocine por 25 minutos.

2. Antes de servir, desecha las especias y coloca encima las rodajas de fruta. Rocíe con jarabe de arce si lo desea.

Información nutricional: Calorías 628 Grasas: 20,9 g Proteínas: 31,4 g Sodio: 96 mg Carbohidratos totales: 112,3 g Fibra dietética: 33,8 g

Tortilla de desayuno Porciones: 2

Tiempo de cocción: 10 minutos

Ingredientes:

2 huevos batidos

1 tallo de cebolla verde, picada

½ taza de champiñones picados

1 pimiento rojo, cortado en cubitos

1 cucharadita de condimento a base de hierbas

Instrucciones:

1. Batir los huevos en un bol. Mezclar los ingredientes restantes.

2. Vierta la mezcla de huevo en una fuente para horno pequeña. Coloque la sartén en la cesta de la freidora.

3. Hornee en una canasta de freidora a 350 grados F durante 10 minutos.

<u>Información nutricional:</u>Calorías 210 Carbohidratos: 5 g Grasas: 14 g Proteínas: 15 g

Porciones de pan de sándwich integral: 12

Tiempo de cocción: 3 horas 20 minutos

Ingredientes:

harina de trigo integral - 3,5 vasos

Aceite de oliva virgen extra - 0,25 vasos

Pasta de dátiles - 0,25 vasos

Puedes elegir leche tibia - 1125 tazas

sal marina - 1,25 cucharaditas

Levadura seca activa - 2,5 té

Instrucciones:

1. Preparar un molde para pan de 20 x 12 cm forrándolo con papel de horno y engrasándolo ligeramente.

2. En una cocina grande ignífuga, mezcla todos los ingredientes con una espátula. Después de mezclar, dejar el contenido durante treinta minutos.

3. Empiece a amasar la masa hasta que quede suave, elástica y flexible.

unos siete minutos. Puedes hacerlo a mano, pero la forma más sencilla es utilizar una batidora de mano y un gancho para masa.

4. Con la masa amasada en el tazón para mezclar que usó anteriormente, cubra el tazón con una envoltura de plástico o un paño de cocina limpio y húmedo en un lugar cálido para que suba hasta que duplique su tamaño, aproximadamente una o dos horas.

5. Antes de colocar en el molde de pan preparado, amase suavemente la masa y forme un bonito tronco. Cubra la sartén con el papel de aluminio o toalla usada anteriormente y déjela en un lugar cálido hasta que duplique su tamaño, una o dos horas más.

6. Cuando el pan esté casi listo, precalienta el horno a 350 grados Fahrenheit.

7. Retire la parte superior del pan leudado y colóquelo en el medio del horno caliente. Coloca con cuidado el papel de aluminio sobre el pan, teniendo cuidado de que no deje escapar aire para que no se tueste demasiado rápido. Deje que el pan se hornee así durante treinta y cinco a cuarenta minutos, luego retire el papel de aluminio y continúe horneando el pan durante otros veinte minutos. El pan estará listo cuando adquiera un bonito color dorado y emita un sonido hueco al golpearlo.

8. Deje que el pan integral se enfríe en el molde durante cinco minutos, luego retírelo de la rejilla y transfiéralo a una rejilla para que termine de enfriarse. Deje que el pan se enfríe por completo antes de cortarlo.

Gyro de pollo desmenuzado

Ingredientes:

2 cebollas medianas, picadas

6 dientes de ajo, picados

1 cucharadita de sabor a menta

1 cucharadita de orégano seco

1/2 cucharadita de pimienta de Jamaica molida

1/2 taza de agua

1/2 taza de jugo de limón

1/4 taza de vinagre de vino tinto

2 cucharadas de aceite de oliva

2 libras de pechugas de pollo deshuesadas y sin piel

8 panes pita enteros

Cualquier aderezo: salsa tzatziki, lechuga romana picada y rodajas de tomate, pepino y cebolla

Instrucciones:

1. Dentro de 3 metros cuadrados. olla de cocción lenta, conecte 9 soportes iniciales; hay pollo. Hornee a temperatura baja durante 3 a 4 horas o hasta que el pollo esté tierno (un termómetro debe marcar 165°).

2. Retire el pollo del fuego medio. Triture con 2 tenedores; Regrese a la olla de cocción lenta. Con unas pinzas, esparza la mezcla de pollo sobre el pan de pita. Un regalo con adornos.

Porciones de sopa de camote: 6

Tiempo de cocción: 15 minutos

Ingredientes:

2 cucharadas de aceite de oliva

1 cebolla mediana, picada

1 lata de pimiento verde

1 cucharadita de comino molido

1 cucharadita de jengibre molido

1 cucharadita de sal marina

4 tazas de batatas, peladas y cortadas en cubitos 4 tazas de caldo de verduras orgánico bajo en sodio 2 cucharadas de cilantro fresco picado

6 cucharadas de yogur griego

Instrucciones:

1. Calienta el aceite de oliva en una cacerola grande a fuego medio. Agrega la cebolla, sofríe hasta que esté suave. Agrega los pimientos verdes y las especias y cocina por 2 minutos.

2. Vierta el caldo de batata y verduras y deje hervir.

3. Cocine por 15 minutos.

4. Agrega el cilantro picado.

5. Licue la mitad de la sopa hasta que quede suave. Vuelva a agregar a la olla con el resto de la sopa.

6. Sazone con sal marina adicional, si lo desea, y decore con una cucharada de yogur griego.

Información nutricional: Carbohidratos totales 33 g Fibra dietética: 5 g Proteína: 6 g Grasa total: 5 g Calorías: 192

Ingredientes para el tazón de burrito de quinua:

Fórmula 1 Cilantro Limón Quinua

Para los frijoles oscuros:

1 lata de frijoles oscuros

1 cucharadita de comino molido

1 cucharadita de orégano seco

sal al gusto

Pico de gallo para tomates cherry:

1 16 onzas de tomate cherry o uva secado al sol, cortado en cuartos 1/2 taza de cebolla morada picada

1 cucharada de chile jalapeño picado (se quitan las costillas y las semillas cuando se desee)

1/2 taza de cilantro crujiente picado

2 cucharadas de jugo de limón

sal al gusto

Para confirmacion:

jalapeños secos picados

1 aguacate, cortado en cubitos

Instrucciones:

1. Preparar la quinua con cilantro de limón y mantener caliente.

2. En una cacerola pequeña a fuego medio, combine los frijoles negros y su líquido con el comino y el orégano. Revuelve periódicamente hasta que los frijoles estén calientes. Prueba a añadir sal cuando quieras.

3. Combine los ingredientes para los tomates cherry pico de gallo en un tazón y mezcle bien.

4. Para apilar los burritos, divida la quinua con cilantro, lima y quinua en cuatro platos. Agregue un cuarto de frijoles oscuros a cada uno. Cubra con tomates cherry pico de gallo, chiles jalapeños encurtidos en rodajas y aguacate.

¡Agradecer!

5. Nota:

6. Todos los ingredientes de estos platos se pueden preparar con antelación y estar listos para comer. La quinua y los frijoles se pueden recalentar o disfrutar a temperatura ambiente. Me gusta preparar segmentos los fines de semana para poder disfrutar de los tazones de burrito de quinua para el almuerzo durante la semana.

Brócoli con almendras porciones: 6

Tiempo de cocción: 5 minutos

Ingredientes:

1 pimiento rojo fresco, sin semillas y picado 2 manojos de brócoli, recortado

1 cucharada de aceite de oliva virgen extra

2 dientes de ajo, finamente picados

1/4 taza de almendras crudas, picadas en trozos grandes

2 cucharaditas de cáscara de limón, finamente rallada

4 anchoas en aceite, picadas

Un poco de jugo de limón fresco

Instrucciones:

1. Calentar un poco de aceite en una sartén. Agrega 2 cucharaditas de ralladura de limón, anchoas escurridas, pimiento morrón finamente picado y manoplas en rodajas finas.

Cocine durante unos 30 segundos, revolviendo constantemente.

2. Agregue 1/4 taza de almendras picadas en trozos grandes y cocine por un minuto.

Apagar el fuego y agregar jugo de limón por encima.

3. Coloque la cesta vaporera sobre una olla con agua hirviendo. Agrega el brócoli a la canasta y tapa.

4. Cocine hasta que estén tiernos, aproximadamente de 3 a 4 minutos. Escurrir y luego transferir a un plato para servir.

5. Espolvorea con la mezcla de almendras y ¡a disfrutar!

Información nutricional: 414 calorías 6,6 g de grasa 1,6 g de carbohidratos totales 5,4 g de proteína

Ingredientes para el plato de quinua:

1/2 taza de quinua, seca

2 cucharadas de aguacate o aceite de coco

2 dientes de ajo, picados

1/2 taza de maíz enlatado o endurecido

3 pimientos morrones grandes, rebanados

1/2 jalapeño mediano, sin semillas y picado 1 cucharada de comino

15 onzas de frijoles negros, enjuagados y escurridos 1 taza de cilantro, finamente picado y dividido 1/2 taza de chalotes, finamente picados y divididos 2 tazas de queso cheddar Tex Mex, picado y separado 3/4 taza de leche de coco enlatada

1/4 cucharadita de sal

Instrucciones:

1. Cocine la quinua según las instrucciones del paquete y guárdela en un lugar seguro. Precaliente el pollo a 350 grados F.

2. Calienta una cacerola de barro antiadherente grande a fuego medio y agrega aceite para cubrir. Agrega el ajo y cocina por 30 segundos, revolviendo regularmente. Agrega el maíz, los pimientos, los jalapeños y el

comino. Revuelva y cocine sin revolver durante 3 minutos, revuelva nuevamente y cocine por otros 3 minutos.

3. Transfiera a un tazón grande junto con la quinua cocida, los frijoles negros, 3/4 taza de cilantro, 1/4 taza de chalotes, 1/2 taza de queso cheddar, leche de coco y sal. Mezcle bien, transfiera a una fuente para hornear de 8 x 11, espolvoree con 1/2 taza de queso cheddar y hornee, sin tapar, durante 30 minutos.

4. Retirar de la parrilla, espolvorear con 1/4 taza de cilantro y 1/4 taza de cebolletas. Servir caliente

Porciones de ensalada de huevo crudo comestible: 2

Tiempo de cocción: 0 minutos

Ingredientes:

6 huevos duros orgánicos, camperos

1 aguacate

¼ de taza de yogur griego

2 cucharadas de mayonesa de aceite de oliva

1 cucharadita de eneldo fresco

sal marina al gusto

servir la ensalada

Instrucciones:

1. Mezclar los huevos duros y el aguacate.

2. Agrega el yogur griego, la mayonesa con aceite de oliva y el eneldo fresco.

3. Sazone con sal marina. Servir sobre una cama de ensalada.

Información nutricional: Carbohidratos totales 18 g Fibra dietética: 10 g Proteína: 23 g Grasa total: 38 g Calorías: 486

Porciones de chile con frijoles blancos: 4

Tiempo de cocción: 20 minutos

Ingredientes:

¼ de taza de aceite de oliva virgen extra

2 cebollas pequeñas, picadas ¼ de pulgada

2 tallos de apio, en rodajas finas

2 zanahorias pequeñas, peladas y cortadas en rodajas finas

2 dientes de ajo, picados

2 cucharaditas de comino molido

1½ cucharadita de orégano seco

1 cucharadita de sal

¼ de cucharadita de pimienta negra recién molida

3 tazas de caldo de verduras

1 lata (15 ½ oz) de frijoles blancos, escurridos y enjuagados ¼ de perejil fresco finamente picado

2 cucharaditas de ralladura de limón o ralladura de limón

Instrucciones:

1. Calienta el aceite en una olla a fuego alto.

2. Agregue la cebolla, el apio, la zanahoria y el ajo y cocine hasta que se ablanden, de 5 a 8 minutos.

3. Agrega el comino, el orégano, la sal, la pimienta y sofríe durante 1 minuto aproximadamente.

4. Verter en el caldo y llevar a ebullición.

5. Llevar a ebullición, agregar los frijoles y cocinar, parcialmente tapados y revolviendo ocasionalmente, durante 5 minutos para que suelten los sabores.

6. Agrega el perejil y la ralladura de limón y sirve.

Información nutricional:Calorías 300 Grasa total: 15 g Carbohidratos totales: 32 g Azúcar: 4 g Fibra: 12 g Proteína: 12 g Sodio: 1183 mg

Porciones de atún al limón: 4

Tiempo de cocción: 18 minutos

Ingredientes:

4 filetes de atún

1 cucharada de aceite de oliva

½ cucharadita de pimentón ahumado

¼ cucharadita de pimienta negra molida

jugo de 1 limon

4 dientes de ajo, picados

1 cucharada de ajo, picado

Instrucciones:

1. Calentar una sartén con aceite a fuego medio, agregar el cebollino y sofreír por 2 minutos.

2. Agrega los filetes de atún y cocina durante 2 minutos por cada lado.

3. Agrega el resto de los ingredientes, mezcla suavemente, mete el molde al horno y hornea a 360 grados F por 12 minutos.

4. Distribuir todo en platos y servir para la cena.

Información nutricional:Calorías 324, Grasa 1, Fibra 2, Carbohidratos 17, Proteína 22

Tilapia con espárragos y calabacines Porciones: 4

Tiempo de cocción: 30 minutos

Ingredientes:

2 cucharadas de aceite de oliva virgen extra

1 calabaza bellota mediana, sin semillas y en rodajas finas o 1 libra de espárragos en rodajas, corte los extremos leñosos y córtelos en trozos de 2 pulgadas

1 chalota grande, en rodajas finas

1 kg de filete de tilapia

½ taza de vino blanco

1 cucharada de perejil fresco picado 1 cucharadita de sal

¼ de cucharadita de pimienta negra recién molida

Instrucciones:

1. Precaliente el horno a 400°F. Engrasa la bandeja para hornear con aceite.

2. Coloque la calabaza, los espárragos y las chalotas en una sola capa sobre la bandeja para hornear. Hornee durante 8-10 minutos.

3. Acomoda la tilapia y vierte el vino.

4. Espolvorea con perejil, sal y pimienta.

5. Hornee por 15 minutos. Retirar, reservar 5 minutos y servir.

<u>Información nutricional:</u>Calorías 246 Grasa total: 8 g Carbohidratos totales: 17 g Azúcar: 2 g Fibra: 4 g Proteína: 25 g Sodio: 639 mg

Cocine el relleno de pollo con aceitunas, tomates y albahaca.

Porciones: 4

Tiempo de cocción: 45 minutos

Ingredientes:

8 muslos de pollo

tomates italianos pequeños

1 cucharada de pimienta negra y sal

1 cucharada de aceite de oliva

15 hojas de albahaca (grandes)

aceitunas negras pequeñas

1-2 hojuelas de pimiento rojo fresco

Instrucciones:

1. Marinar los trozos de pollo en todas las especias y aceite y dejar reposar un rato.

2. Coloque los trozos de pollo en una fuente para horno con borde, cubra con tomates, hojas de albahaca, aceitunas y hojuelas de chile.

3. Hornear el pollo en el horno precalentado (220°C) a 40 grados.

minutos.

4. Cocine hasta que el pollo esté tierno y los tomates, la albahaca y las aceitunas cocidos.

5. Adorne con perejil fresco y piel de limón.

Información nutricional:Calorías 304 Carbohidratos: 18 g Grasas: 7 g Proteínas: 41 g

Porciones de pisto: 8

Tiempo de cocción: 25 minutos

Ingredientes:

1 calabacín, mediano y cortado en cubitos

3 cucharadas Aceite de oliva virgen extra

2 pimientos, cortados en cubitos

1 calabaza amarilla, mediana y cortada en cubitos

1 cebolla, grande y cortada en cubitos

28 onzas de tomates enteros, pelados

1 berenjena, mediana y cortada en cubitos con piel, sal y pimienta si se desea

4 ramitas de tomillo, fresco

5 dientes de ajo, picados

Instrucciones:

1. Para empezar, calienta una sartén grande a fuego medio.

2. Cuando esté caliente, agrega aceite, agrega la cebolla y el ajo.

3. Freír la cebolla durante 3-5 minutos hasta que esté blanda.

4. Luego mezcle la berenjena, la pimienta, el tomillo y la sal en una sartén. Mezclar bien.

5. Ahora cocina por otros 5 minutos o hasta que las berenjenas estén suaves.

6. Luego agregue el calabacín, los pimientos y la calabaza a la sartén y continúe cocinando por otros 5 minutos. Luego agrega los tomates y mezcla bien.

7. Después de agregar todo, mezclar bien hasta que todo esté mezclado. Cocine por 15 minutos.

8. Finalmente, revisa la sazón y agrega más sal y pimienta si es necesario.

9. Adorne con perejil y pimienta negra molida.

Información nutricional: Calorías: 103 Kcal Proteínas: 2 g Carbohidratos: 12 g Grasas: 5 g

Porciones de sopa de albóndigas de pollo: 4

Tiempo de cocción: 30 minutos

Ingredientes:

2 libras de pechuga de pollo, sin piel, deshuesada y picada 2 cucharadas de cilantro picado

2 huevos batidos

1 diente de ajo, picado

¼ de taza de cebolla verde, picada

1 cebolla amarilla, picada

1 zanahoria, en rodajas

1 cucharada de aceite de oliva

5 tazas de caldo de pollo

1 cucharada de perejil, picado

Una pizca de sal y pimienta negra

Instrucciones:

1. En un bol mezclar la carne con los huevos y demás ingredientes excepto el aceite, la cebolla amarilla, el caldo y el perejil, mezclar y formar albóndigas de tamaño mediano.

2. Calentar una sartén con aceite a fuego medio, agregar la cebolla amarilla y las albóndigas y sofreír por 5 minutos.

3. Agrega los ingredientes restantes, mezcla, lleva a ebullición y cocina a fuego medio por otros 25 minutos.

4. Vierta la sopa en tazones y sirva.

Información nutricional:Calorías 200, Grasa 2, Fibra 2, Carbohidratos 14, Proteína 12

Ensalada de col y naranja con vinagreta de cítricos

Porciones: 8

Tiempo de cocción: 0 minutos

Ingredientes:

1 cucharadita de piel de naranja, rallada

2 cucharadas de caldo de verduras reducido en sodio 1 cucharadita de vinagre de sidra de manzana

4 tazas de repollo rojo, rallado

1 cucharadita de jugo de limón

1 bulbo de hinojo, en rodajas finas

1 cucharadita de vinagre balsámico

1 cucharadita de vinagre de frambuesa

2 cucharadas de jugo de naranja fresco

2 naranjas, peladas y cortadas en trozos

1 cucharada de miel

1/4 cucharadita de sal

pimienta recién molida

4 cucharaditas de aceite de oliva

Instrucciones:

1. Vierta el jugo de limón, la cáscara de naranja, el vinagre de manzana, la sal y la pimienta, el caldo, el aceite, la miel, el jugo de naranja, el vinagre balsámico y las frambuesas en un bol y mezcle.

2. Extraer las naranjas, el hinojo y la col. Dispara a la piel.

<u>Información nutricional:</u>Calorías 70 Carbohidratos: 14 g Grasas: 0 g Proteínas: 1 g

Porciones de tempeh y tubérculos: 4

Tiempo de cocción: 30 minutos

Ingredientes:

1 cucharada de aceite de oliva virgen extra

1 camote grande, cortado en cubitos

2 zanahorias, en rodajas finas

1 bulbo de hinojo, recortado y cortado en cubos de ¼ de pulgada 2 cucharaditas de jengibre fresco picado

1 diente de ajo, picado

12 onzas de tempeh, cortado en cubos de ½ pulgada

½ taza de caldo de verduras

1 cucharada de tamari o salsa de soja sin gluten 2 chalotas, en rodajas finas

Instrucciones:

1. Precaliente el horno a 400°F. Engrase la fuente para hornear con aceite.

2. Coloque las batatas, las zanahorias, el hinojo, el jengibre y el ajo en una sola capa sobre la bandeja para hornear.

3. Hornee hasta que las verduras estén suaves, aproximadamente 15 minutos.

4. Añade el tempeh, el caldo y el tamari.

5. Hornee nuevamente hasta que el tempeh esté completamente caliente y ligeramente dorado, de 10 a 15 minutos.

6. Añade el cebollino, mezcla bien y sirve.

<u>Información nutricional:</u>Calorías 276 Grasa total: 13 g Carbohidratos totales: 26 g Azúcar: 5 g Fibra: 4 g Proteína: 19 g Sodio: 397 mg

Porciones de sopa verde: 2

Tiempo de cocción: 5 minutos

Ingredientes:

1 vaso de agua

1 taza de espinacas, frescas y envasadas

½ de 1 limón, pelado

1 calabacín, pequeño y picado

2 cucharas. Perejil, fresco y picado

1 tallo de apio, picado

Sal marina y pimienta negra al gusto.

½ de 1 aguacate, maduro

¼ taza de albahaca

2 cucharas. semillas de chia

1 diente de ajo, picado

Instrucciones:

1. Para hacer esta sopa fácil, coloca todos los ingredientes en una licuadora de alta velocidad y licúa durante 3 minutos o hasta que quede suave.

2. Luego puedes servirlo frío o calentarlo unos minutos a fuego lento.

<u>Información nutricional:</u>Calorías: 250 Kcal Proteínas: 6,9 g Hidratos de carbono: 18,4 g Grasas: 18,1 g

Ingredientes del pan de pepperoni:

1 porción (1 libra) de mezcla de pan endurecido, descongelado 2 huevos grandes, separados

1 cucharada de queso parmesano molido

1 cucharada de aceite de oliva

1 cucharadita de perejil finamente picado

1 cucharadita de orégano seco

1/2 cucharadita de ajo en polvo

1/4 cucharadita de pimienta

8 onzas de pepperoni picado

2 tazas de queso mozzarella semidesnatado rallado 1 lata (4 oz) de tallos y trozos de champiñones, escurridos 1/4 a 1/2 taza de granos de pimienta secos

1 pimiento verde mediano, cortado en cubitos

1 lata (2-1/4 oz) de aceitunas preparadas en rodajas

1 lata (15 oz) de salsa para pizza

Instrucciones:

1. Precalienta el horno a 350°. Transfiera la masa a un molde de 15 por 10 pulgadas sobre una bandeja para hornear engrasada. forma cuadrada. En un tazón pequeño, mezcle las yemas de huevo, el queso parmesano, el aceite, el perejil, el orégano, el ajo en polvo y la pimienta. Untar con la mezcla.

2. Cubra con pepperoni, queso cheddar mozzarella, champiñones, granos de pimienta, pimientos verdes y aceitunas. Muévase hacia arriba, estilo mermelada, comenzando desde un lado largo; presione el pliegue para sellar y doblar los adornos.

3. Colocar la pieza plegada hacia abajo; recubierto de blancos.

Intenta no dejarlo crecer. Cocine hasta que esté brillante y oscuro y la mezcla esté bien cocida, de 35 a 40 minutos. Calienta la salsa para pizza; un regalo con una porción cortada.

4. Selección de congelador: congele la porción enfriada y sin cortar de la pizza en papel de aluminio. Para usarlo, retírelo del refrigerador 30 minutos antes de recalentarlo. Coloque el papel de aluminio y la porción caliente en una bandeja para hornear engrasada en una parrilla a 325° hasta que esté caliente. Completado según lo acordado.

Gazpacho de remolacha Raciones: 4

Tiempo de cocción: 10 minutos

Ingredientes:

1 x 20 onzas. Lata de habas, lavadas y escurridas ¼ cucharadita. Sal kosher

1 cucharada. Aceite de oliva virgen extra

½ cucharadita de ajo, fresco y picado

1 bolsa de 6 oz de hojuelas de salmón rosado

2 cucharas. Jugo de limón, recién exprimido

4 cebollas verdes, en rodajas finas

½ cucharadita de pimienta negra molida

½ cucharadita de piel de limón rallada

¼ de taza de perejil fresco, plano y picado

Instrucciones:

1. Primero, agrega la ralladura de limón, el aceite de oliva, el jugo de limón, la pimienta negra y el ajo a un tazón mediano y mezcla con un batidor.

2. En otro tazón mediano, combine los frijoles, la cebolla, el salmón y el perejil y mezcle bien.

3. Luego vierte una cucharada de salsa de jugo de limón sobre la mezcla de frijoles.

Revuelva bien hasta que la salsa esté cubierta con la mezcla de frijoles.

4. Sirve y disfruta.

Información nutricional:Calorías 131 kcal Proteínas: 1,9 g Carbohidratos: 14,8 g Grasas: 8,5 g

Ingredientes del Rigatoni de calabaza asada:

1 calabacín grande

3 dientes de ajo

2 cucharas. Aceite

1 libra de rigatoni

1/2 taza crema espesa

3C. fontina dañada

2 cucharas. salvia crujiente picada

1 cucharada. sal

1 cucharadita pimienta molida naturalmente

1 pulgada migas de pan Panko

Instrucciones:

1. Precaliente el pollo a 425 grados F. Mientras tanto, mezcle la calabaza, el ajo y el aceite de oliva en un tazón grande para cubrir. Colóquelos en una fuente para hornear grande y hornee hasta que estén tiernos, aproximadamente 60 minutos.

Transfiera la sartén a una rejilla y déjela enfriar un poco, aproximadamente 10 minutos. Encienda el horno a 350 grados F.

2. Mientras tanto, hierva una olla grande con agua con sal y cocine los rigatoni según las instrucciones del paquete. Coloque el conducto y guárdelo en un lugar seguro.

3. Con una licuadora o procesador de alimentos, haga puré de calabaza y crema hasta que quede suave.

4. En un tazón grande, combine el puré de calabaza rigatoni restante, 2 tazas de fontina, más condimento, sal y pimienta. Engrase la base y los lados de una fuente para hornear de 9 por 13 pulgadas con aceite de oliva. Transfiera la mezcla de rigatoni de calabaza a un plato.

5. Mezcle el resto de la fontina y el panko en un tazón pequeño. Espolvorea sobre la pasta y calienta hasta que esté brillante y oscura, de 20 a 25 minutos.

Sopa capellini con tofu y camarones Porciones: 8

Tiempo de cocción: 20 minutos

Ingredientes:

4 tazas de bok choy, picado

1/4 libra de camarones, pelados y desvenados

1 bloque de tofu firme, cortado en cuadritos

1 lata de castañas de agua picadas, escurridas

1 manojo de ajo, picado

2 tazas de caldo de pollo bajo en sodio

2 cucharaditas de salsa de soja reducida en sodio

2 tazas de arenque

2 cucharaditas de aceite de sésamo

Pimienta blanca recién molida

1 cucharadita de vinagre de arroz

Instrucciones:

1. Vierte el caldo en una cacerola a fuego medio. Llevar a ebullición. Agrega los camarones, el bok choy, el aceite y la salsa. Llevar a ebullición y reducir el fuego. Hornee por 5 minutos.

2. Añade las castañas de agua, el pimiento, el vinagre, el tofu, el capelán y la cebolla. Cocine por 5 minutos o hasta que el capelán esté tierno.

Servir caliente.

Información nutricional:Calorías 205 Carbohidratos: 20 g Grasas: 9 g Proteínas: 9 g

Lomo de cerdo con champiñones y pepinos

Raciones: 4

Tiempo de cocción: 25 minutos

Ingredientes:

2 cucharadas de aceite de oliva

½ cucharadita de orégano, seco

4 trozos de cerdo

2 dientes de ajo, picados

Zumo de 1 lima

¼ de taza de cilantro, picado

Una pizca de sal marina y pimienta negra

1 taza de champiñones porcini, cortados por la mitad

2 cucharadas de vinagre balsámico

Instrucciones:

1. Calienta una sartén con aceite a fuego medio, agrega los trozos de cerdo y cocina por 2 minutos por cada lado.

2. Agrega el resto de los ingredientes, mezcla, cocina a fuego medio por 20 minutos, dispone en platos y sirve.

Información nutricional:Calorías 220, Grasa 6, Fibra 8, Carbohidratos 14.2, Proteína 20

Porciones de dedos de pollo: 4

Ingredientes:

¼ taza cebolla picada

1 paquete de fideos chow mein cocidos

pimienta negra fresca

2 latas de crema de champiñones

1 ¼ de pulgada de apio picado

1 pulgada anacardos

2c. pollo hervido en cubos

½ pulgada de agua

Instrucciones:

1. Precaliente el horno a 375°F.

2. Echar dos latas de crema de champiñones y agua en una cacerola apta para horno. Revuelve para combinar.

3. Agregue a la sopa pollo hervido en cubos, cebolla, apio, pimiento y anacardos. Revuelva hasta que se combinen. Agrega la mitad de los macarrones a la mezcla, revolviendo hasta que estén cubiertos.

4. Cubrir la cazuela con la pasta restante.

5. Coloca la bandeja en el horno. Hornee por 25 minutos.

6. Sirva inmediatamente.

Información nutricional:Calorías: 201, Grasas: 17 g, Carbohidratos: 15 g, Proteínas: 13 g, Azúcar: 7 g, Sodio: 10 mg

Porciones de pollo frito balsámico: 4

Ingredientes:

1 cucharada. romero fresco picado

1 diente de ajo picado

Pimienta negra

1 cucharada. Aceite

1 cucharadita azúcar morena

6 ramitas de romero

1 pollo entero

½ pulgada de vinagre balsámico

Instrucciones:

1. Agrega el ajo, el romero picado, la pimienta negra y el aceite de oliva.

Frote la mezcla de hierbas y aceite sobre el pollo.

2. Coloca 3 ramitas de romero dentro del pollo.

3. Coloque el pollo en una bandeja para hornear y hornee a 400 F durante aproximadamente 1 hora. 30 minutos.

4. Cuando el pollo esté dorado y escurra el jugo, transfiéralo a un plato.

5. Disuelva el azúcar en el vinagre balsámico en una sartén a fuego alto.

No cocines.

6. Cortar el pollo en rodajas y verter encima la mezcla de vinagre.

Información nutricional:Calorías: 587, Grasas: 37,8 g, Carbohidratos: 2,5 g, Proteínas: 54,1

g, Azúcar: 0 g, Sodio: 600 mg

Porciones de filetes y champiñones: 4

Tiempo de cocción: 15 minutos

Ingredientes:

2 cucharadas de aceite de oliva

8 onzas de champiñones, rebanados

½ cucharadita de ajo en polvo

1 kg de bistec, cortado en cubos

1 cucharadita (5 ml) de salsa inglesa

Pimienta al gusto

Instrucciones:

1. Precaliente la freidora a 400 grados F.
2. Mezclar todos los ingredientes en un bol.
3. Transfiera a la canasta de la freidora.
4. Cocine por 15 minutos, agitando la canasta dos veces.

Porciones de carne Porciones: 4

Tiempo de cocción: 12 minutos

Ingredientes:

2 cucharaditas de cebolla en polvo

1 cucharadita de ajo en polvo

2 cucharaditas de romero, picado

1 cucharadita de pimentón

2 cucharadas de aminoácido de coco bajo en sodio

Pimienta al gusto

1 kg de filete cortado en tiras

Instrucciones:

1. Mezcle todas las especias y condimentos en un bol.

2. Agregue las tiras de bistec.

3. Marinar durante 10 minutos.

4. Colóquelo en la canasta de la freidora.

5. Cocine a 380 grados F durante 12 minutos, agitando una o dos veces a la mitad de la cocción.

www.ingramcontent.com/pod-product-compliance
Lightning Source LLC
Chambersburg PA
CBHW071823110526
44591CB00011B/1191